经济地理空间重塑的三种力量

THREE FORCES OF RESHAPING ECONOMIC GEOGRAPHICAL SPACE

郑德高　著

中国建筑工业出版社

审图号：GS（2020）5596 号

图书在版编目（CIP）数据

经济地理空间重塑的三种力量 = Three Forces of Reshaping Economic Geographical Space / 郑德高著 . —北京：中国建筑工业出版社，2020.3

ISBN 978-7-112-24808-7

Ⅰ.①经… Ⅱ.①郑… Ⅲ.①经济地理学—研究 Ⅳ.① F119.9

中国版本图书馆 CIP 数据核字（2020）第 022411 号

　　本书在全面梳理区域经济地理相关理论的基础上，构建经济地理空间重塑机制的解释框架。从全国宏观层面入手，分析空间演变现象特征与形成机制；从城市群层面，选取当前中国区域化特征显著、一体化成熟的长三角城市群为研究对象，探讨在全球化与本土化背景下，区域经济地理空间的演变特征，并对其形成机制进行解释。

　　围绕"经济地理空间重塑的力量"这一核心问题，尝试构建机制解释框架，并以国外经济地理空间的演变历程进行初步验证，在此基础上从全国、长三角城市群两个空间尺度进行实证研究，分析经济地理空间演变特征，验证等级化、网络化、地域化三种力量在经济地理空间重塑中的作用机制，从而对解释框架进行验证，相应得出研究结论与展望。

责任编辑：刘瑞霞　辛海丽
版式设计：京点制版
责任校对：党　蕾

经济地理空间重塑的三种力量

THREE FORCES OF RESHAPING ECONOMIC GEOGRAPHICAL SPACE

郑德高　著

*

中国建筑工业出版社出版、发行（北京海淀三里河路9号）
各地新华书店、建筑书店经销
北京点击世代文化传媒有限公司制版
北京市密东印刷有限公司印刷

*

开本：787毫米×960毫米　1/16　印张：14　字数：209千字
2021年1月第一版　2021年1月第一次印刷
定价：96.00元
ISBN 978-7-112-24808-7
（35351）

序 一

作为具有经济地理专业背景的城市规划人，对经济地理题材的文章格外感到亲切，而读到由同济、清华名校培养的学士、硕士、博士学历，且具有数十年城市规划实践的郑德高博士撰写的人文（城市）经济地理的大作更倍加欣喜，表明了郑博士是中国城市规划走向以空间为核心的综合学科转型的践行者。全书读后，颇感是一本理论探索和实践指导价值兼具的、值得一读的好书。

经济地理空间格局是国家发展大格局的重要组成部分，在这百年未遇的大变局中更具有现实意义。作者遵循理论构想——实证辨析——论点总结这一科研规范的模式，突出空间重塑的机制分析和成因探究，充分运用论据、证据、数据有机结合的综合研究方法，对主题进行系统的研究，是一条逻辑清晰的科研之道，是值得肯定的。

作者针对国内外新的发展背景，经济、社会、城市、区域正在转型、重构并探索未来发展目标、方向、路径之际，以经济地理空间重塑研究为主题，通过理论解读、特征、机制、动力分析，探求未来区域空间发展目标、方向、路径和重塑过程，为空间发展理论和实证地区提供新的思路和指导。

作者梳理了经济地理相关理论，结合实践体会，认为区域经济地理空间变化的核心是等级化、网络化和地域化三种力量相互作用的结果，并从经济、人口、空间三维度进行实证研究。经济地理学是研究人类经济活动与地理环境（地表空间）关系的科学，也正是研究经济、人口、空间在发展过程中的演变规律。因此，这是经济地理研究的基本原则和内容，是一篇经济地理研究的新作。

本书主要研究内容和创新之处是：

第一，以详介美欧日等发达国家经济地理空间演变历程及特征为借鉴，以大量数据为支撑，总括了中国区域发展的人口——经济——空间的经济地理三要素的基本特征——不平衡。并由此分别从三要素视角进行区域不平衡的详细剖析、论证。以 GDP 经济总量和人均 GDP 作为宏观分析区域经济不平衡的重要切入点；以人口规模总量及其空间分布和人口流动趋势及区域人口红利，比较区域差异；通过以县为单元的不同发展水平的划分，判断空间不平衡的实际。继而，以人口和经济两维度指标对全国国土空间进行评估，通过城镇化过程中城镇人口增量和存量对中国基于县的国土进行分区研究，明确了 4 个人口城镇化的核心地区；以人均、地均 GDP 增量和 GDP 增速，对地区经济发展状况分档进行评估，发现了中国经济增长开始出现适当分散与均衡化的趋势。最后，以人口和经济的 4 档分区叠加，得出了中国人口、经济增长的核心地区，并以此作为城镇密集地区和非城镇密集地区的评价标准，也因此引出了两者差距在 30 年快速城镇化过程中不断拉大，形成两极分化空间格局的结论。同时，也指出了随城镇密集地区人均产出效率下降，而非城镇密集地区空间价值的提升而出现产业效益差距将不断缩小的新结论。这些论据充足、分析入理的做法与结论是行之有效的。此外，作者对于中国区域发展政策的评价和指出中西部人口回流系南北不平衡更应注意的观点是有意义的。

第二，本书重要的创新之处是将等级化、网络化、地域化作为经济地理空间重塑的三种力量，并从全国和长三角两个层面进行理论和定量数据的全面论证。

在全国层面，详细论述了三种力量主导下如何重塑中国新的经济地理空间格局。首先，从全球城市体系学说，指出了在全球背景下，中心城市特征的变化，国际城市体系出现的等级结构和非等级结构状态；经济活动地理拓展和功能整合相互协同下，全球化价值分工重组带来的功能体系重组等这种全球化带来的等级化力量对中国城市体系的影响。并表现为人口向大城市和县城集聚的城市规模等级变化及融入全球城市功能体系的城市功能等级化趋势，最终等级化主导下的空间重塑表现为全球城市和国家中心城市的形成。其次，作者认同"城市群空间构成的本质特征是城市相互之间网络性"的观点，从人口流动视角，通过大数据分析，得出全国范围内城市与区域之间开始形成多层次的关联网络特征，而其中核心城市与区域之间关联最为密切，国内五大城市群形成的钻石状空间结构为关联的第一层次，经济关联网络更为复杂。从航空流、资本支配、新兴创新视角论证了城市群的城市内部均可形成日益紧密的网络化联系。由此，从人口和经济关联分析中，明确指出网络化主导的空间重塑是城市群和巨型城市区域的形成，并提出"三密度（经济、人口、城镇）—网络（区域交流）"四指标的城市群范围新的界定方法，细化采用全国县单元的地均 GDP 产出及 2005 ~ 2013 年 GDP 搭建识别经济增长核心区；采用全国第六次人口普查的县市单元人口密度和人口增量，鉴别出人口增长核心地区，采用夜景灯光图（2016 年 NASA 夜景卫星图）识别城镇个数和密度；采用节假日和工作日人口迁移（2016 年腾讯云数据）强度鉴别了区域联系强度。根据上述指标和计算结果，发现中国城市群空间发育程度的三级分层及未来趋势。这种对城市群的论述、分析和界定的方法为人们认识和研究城市群提供新的思路和启迪。再次，作者在对全国层面的地域化的研究中，认为地域化是为解决城镇密集区和非城镇密集区发展不平衡和针对知识文化时代的到来、地域价值提升、就地城镇化和乡村现代化现象等空间重塑的新趋向，借鉴日本的经验而提出的魅力景观区的新概念和作为一种不同于城市群的发展道路，并初步规划了 30 个左右国家美丽景观区。这也是一种区域平衡战略的新探索、新启示。

在全国经济地理空间重塑研究中，特别对巨型城市区域这个作为等级化、网络化力量交织下中国区域空间新重构的新的空间形态予以关注。概括提出了中国五大巨型城市区域（类似美国 2050 年规划的十大巨型城市地区）是经济地理空间再集聚、再扩散的产物，是中国参与全球竞争的代表。这是对空间重塑研究的再深化。

作者最后就全国层面研究提出了区域发展政策再平衡的三个核心观点，既是国家空间重塑的研究总结，也是一种新的研究观点，是值得肯定的。

第三，长三角是作者多年工作实践和项目研究的地方，因而对其经济地理空间重塑有更深入的了解和深切体会。为此，作者以三个章节分别就空间重塑的三种力量作详细的阐述。

在等级化研究中，作者从产业链和价值区段、分层城镇化和空间分区三个部分进行全面的阐发。在产业链和价值区段研究中，通过基于产业部类企业大数据分析和基于工业化发展阶段分析，认为"长三角不同城市处于功能的不同价值链环节，表现为明显的等级化和层级结构以及相对完整的产业链"，而且认为"这是中国区域经济地理空间布局的重要规律"。这是作者一个重要的理性思考。

作者通过对长三角整体和三省的分层城镇化的研究，指明了长三角城镇体系整体呈现相对均衡的规模等级结构和相对平缓的位序——规模的层级结构，并指出等级正在体系演化过程中起到了较强的作用。而三省分层城镇化则总体上呈现了向都市圈核心城市及周边和向县城两端集聚的明显态势。作者用"重塑世界经济地理"（2009年世界银行出版）一书的观点，认为长三角经济和人口集聚在长三角内部的不平衡正在加强，而其表现同样是城市化、沿海化和城市群化。这种内部不平衡的加大，反映了和一体化要求还有很大差距。作者在介绍国内学者采用聚类分析、场强分析、圈层联系分析和3D理论分析研究长三角空间经济分区的研究成果基础上，提出了从人口——经济——空间视角的长三角空间分区并指出其不同发展路径，是又一种对长三角空间分析的新提法。

长三角空间重塑的研究中，关联网络化的分析很有特色，首先是按照经济——人口——空间三个网络的维度，全面讨论长三角的网络化，通过对已有长三角地区空间点轴联系、企业内部联系、产业联系强度与城市经济关联研究的评述，指出长三角城市群正由点轴联系走向网络联系的成熟状态。其次，通过企业大数据所作的长三角全产业链分析得出的长三角城市关联度的四个层级，分析了各层级城市的关联关系及最高层级沪苏之间进入同城化状态的判断；其形成的城市间的发展廊道，验证了长三角的之形结构。再次，不采用称之为反映西方中心主义的，以生产性服务业作为产业分析关键核心的方法，而是将全产业谱系分析扩展到生产性服务业、制造业和新经济产业的大类，以及其表现出来的不同业态和不同关联网络。特别是对新经济产业，以 7 类行业作为基本分类特征来分析长三角城市之间新经济关联度，划分其等级，指出其与生产性服务业的差别。这是对全球城市理论在中国应用的有益补充和完善。在人口流动网络分析中，对长三角人口流动特征、长三角作为国家人口流动网络核心区地位的确定。以大数据作为佐证的分析论述人口流动的区域化、集聚化的两大趋势以及形成的长三角人口流动的核心圈层和外围的二级枢纽的见解都是具有相当说服力的。对于长三角的空间格局网络已有众多的学者研究结论和国家规划的成果。作者主要从等级化、网络化角度进一步阐明了对空间重塑的作用。

在长三角地域化的研究中，作者以地域化作为经济地理空间重塑的第三种力量，作为远离工业化、全球化、区域边缘、经济相对落后的边缘化地带（非城镇密集区）进行空间再平衡的重要手段，明确其在生态、人文、新经济作为地域化关键要素及在空间重塑中的价值，构建了地域化要素——价值发展模型，介绍了江苏、上海、浙江地域化建设的经验，选取了浙江安吉、江苏高淳、上海崇明三个案例，阐明其挖掘地域化要素、彰显特色、结合国际化力量形成独特的发展模式的做法。在当前生态建设和乡村振兴中具有现实意义。

本书最后对全书的研究作了相当精彩的概括和凝练，再次凸显了本书的理论意义和科学价值。

理论来自实践，创新重在思考。本书正是作者积累数十年实践的经验和潜心研究思考的总结。对于来自规划实践第一线的研究成果我一直是支持和鼓励的。正是由于这些珍贵的成果才使得我们的城市发展和学科建议丰富多彩。

是为序！

崔功豪

2019 年 11 月

序 二

改革开放 40 多年来，我国的经济地理空间格局发生了重大而深刻的变化，尤其在区域层面，形成了多个结构与形态各异、对国家发展具有重大影响的核心区域，包括珠三角、长三角、京津冀、成渝等。2003 年以来，原建设部、发改委先后启动了多轮核心区域城镇群规划、区域规划。2014 年以后，这些核心区域的发展又先后上升为国家战略，由党中央、国务院出台了发展规划纲要。这些核心区域发展与战略地位变化的背景正是国家经济地理变迁的一个重要现象——区域化。区域视角的经济地理空间变迁是我国规划界、地理界多年来十分关切的命题，毫无疑问，也应该是我国规划理论与方法论研究重要的范型化领域。

世界银行出版的《重塑世界经济地理》一书对我国学界产生了很大的影响，该文启发了中国规划学界对国家和区域经济地理格局变化与形成的诸多思考和讨论。近年来利用各种资源，不同项目、计划支持的区域化研究课题／项目不少，关于区域化的学术理论与规划技术的个体研究也不少。不同于既有的一些研究成果，郑德高对经济地理变迁的区域视角的思考与研究多了从国家（全国城镇体系规划）到区域（长三角城镇群规划、成渝地区区域性规划），到中心城市（上海、杭州、南京发展战略、总体规划），再到诸多县（市）、区级单元多层次的规划实践中的观察和总结。持续的实践和观察使郑德高有机会，也有能力用丰富的经验来思考并构建区域化研究的宏观理论框架，从等级化、网络化、地域化三个维度来认识和解析区域经济地理空间演化的动力机制与影响方式，也使他的研究富于微观细节现象的考察和现实特征分析，更重要的是郑德高的研究着眼于区域经济地理的重塑与再平衡，反映了他对区域发展未来的关切，对规划方法论的重视，也反映了他正确的区域地理价值取向。本人认为，这本专著是基于丰富实践，从区域视角对中国经济地理特征与变迁做出了深入剖析的重要理论成果，对中国规划理论的建设作出了贡献。

等级化是全球和国家城市体系所固有的层级特征，是少数顶端高层级城市的主导地位所产生的层级影响 / 控制作用。如全球城市体系中的纽约、伦敦，中心城市在我国的城市体系中的引领、辐射和增长极核作用十分显著。2003 年《北京城市空间发展战略》提出北京建设"世界城市"的目标，2005 年《全国城镇体系规划》提出"国家中心城市"的概念，2018 年《上海城市总体规划》提出"卓越的全球城市"目标，都是期望等级化力量与中心城市，在国家区域发展和经济地理格局变迁中发挥独特的、不可替代的作用。郑德高的研究关注了等级化力量下的产业 / 价值链，分层城镇化等经济和人口流动现象，空间分异等问题，很好解释了等级化对区域经济地理格局形成与演变的作用机制。然而，就中国的城市行政体制而言，等级化力量的负面作用值得警惕。中国的城市有不同的行政级别，不同级别城市获得的资源和话语权差异极大。这一方面有助于高层级城市的发展引领作用发挥，一方面也加剧了不同层级城市的机会不公平、发展不平衡与"大城市病"。

网络化既是发达国家工业化、城镇化进程中经济地理空间变迁的显性特征，也是我国 40 年快速发展过程中的显著趋势。网络化力量一方面基于中心城市辐射带动和功能的外溢，一方面中小城市获得更多的发展机会，在区域经济体系中起到越来越多的基础性作用，使区域发展趋向均衡。网络化在一定程度上起到了"去中心化"的作用，甚至在非中心地区出现具有核心功能的重要节点，诸如旧金山湾区的硅谷、珠三角的松山湖。网络化扩大了区域的经济体量，丰富了区域经济的结构与功能，提升了区域在更大范围乃至国际、全球的吸引力、竞争力，郑德高的研究不仅重视了网络化力量在产业/经济领域的关联性规律与特征，更关注了网络化对人口流动与聚集的空间特征与趋势影响，但并不是所有的中心城市或人口密集度较高的地区就一定出现网络化的经济地理空间变化动力。拥有北京、天津两座直辖市，人口密度相对较高，空间距离并不遥远的京津冀地区，并没有形成与全球城市、国家中心城市地位相匹配的高水平区域化现象，网络化的力量并不显著，这也许是因为行政体制导致的分割作用吧。

本人认为，在区域经济地理变迁研究中，关注地域化力量是郑德高专著的一个鲜明特征，也是他对我国区域经济地理变迁研究具有理论意义的重要贡献。本人多年来一直对《重塑世界经济地理》一书提出的"沿海化"趋势持不同观点。该书关注了密度、距离、分割等因素，推导出沿海化、城市化、城市群化等经济地理现象与趋势，但对地域性的历史、文化、社会和资源的差异及影响没有给予应有的关注。得益于经济全球化，沿海地区的地理优势不可否认。但从欧洲的经济地理格局看，内陆国家/地区的发展态势与创新能力同样不可忽视。特别是对于我国这样具有地域文化与方言特征的国家，地域化是非常值得重点关注与深入研究的发展力量。我国的经济由沿海地区先发，并形成了若干规模化集聚地区，是一个显性现象。近十多年，中西部地区的集聚发展，越来越多的人口回流，也渐成一种显性现象。因此，研究国土和区域层面的地域化现象和地域化作为改变经济地理空间格局的力量，对于我国规划和地理学界是一个不可回避的命题。

关于地域化的研究，本人认为至少有三个非常值得关注的领域。第一，区域视角的地域化力量的影响。郑德高的研究讨论了长三角非密集地区的区位、自然与文化遗产、生态环境等要素在新经济发展背景下的价值变化，指出了"有风景的地方就有新经济"的判断，识别出这些地区的发展机会和发展模式，并讨论了基于地域化潜力的区域空间再平衡趋势。第二，国土层面的地域差异与发展模式选择。在本人和郑德高共同主持的《全国城镇体系规划》中，根据中产阶层的体验消费快速增长，旅游休闲空间需求和国家自然与文化遗产分布特征，提出了建立国土层面的"魅力景观区"，促进这些地区特色化发展和国土空间再平衡，这也是地域化研究的有益尝试。第三，农业人口较高密度地区的经济地理格局演变的趋势。我国中东部地区，从华北平原到长江沿岸存在着多个人口密度很高的传统农业地区，其人口密度是西部地区的 3 ~ 4 倍，在未来相当一个时期，不太可能出现诸如一线、新一线城市这样具有较强辐射带动能力的中心城市。本人很难想象这些地区未来城镇化的模式，无法预料这些地区的经济地理格局将如何演化与改变。总之，无论从理论构建还是现实需求来看，地域化力量都是国家和区域经济地理变迁研究的重要领域，郑德高的研究价值值得充分肯定。

本人与郑德高是近 30 年的老同事。1990 年代初我俩同为中规院城市交通研究所为数不多的城市规划背景的专业人员，这些年来一直与郑德高有着诸多规划、科研项目的合作。郑德高从交通所到汕头分院、城市建设规划所，参与和主持了大量规划项目。2007 年他组建上海分院，担任分院长，深耕上海和长三角规划设计市场 12 年。在长期合作过程中，深感郑德高敏于观察、精于总结、勤于阅读、善于思考，是业界不多见的既具有丰富的实践经验，又善于研究理论的学者。郑德高这一研究成果得益于唐子来教授的悉心指导。唐子来教授是我 7 年同学、连床的挚友，也是我最敬重的同辈学者。为郑德高的专著作序是本人的荣耀，也是本人作为 50 后专业人士对 70 后壮年学者的致敬。同时，也借此机会与业界做一个关于经济地理演变的专业讨论。

祝愿郑德高的学术与理论研究不断收获硕果，为我国的规划理论体系构建继续做出重要贡献。

李晓江

2020 年 1 月

序 三

在经济全球化背景下，伴随着经济高速发展，我国经济地理正在经历着前所未有的变化。本书在全面梳理新经济地理、全球城市网络、全球本土化的相关理论的基础上，提出了当前中国区域经济地理空间重塑的解释框架，认为区域经济地理变化是等级化、网络化、地域化三种力量相互作用的结果。等级化力量就是全球城市网络，城市对于资本的控制能力和服务能力是衡量城市等级的重要标准。网络化力量就是城市纳入全球或区域的功能性网络，城市之间网络联系（流的空间）正在取代地理邻近所产生的联系（场所空间）。地域化力量就是指在全球城市网络之外的非城镇密集地区通过全球本土化方式的崛起，并由此形成区域经济地理的再平衡的一种力量。依据上述框架，从经济、人口、空间三个方面，本书对于国家层面和长三角区域层面的经济地理重塑的形成和发展进行了解析。

本书的研究思路受到世界银行 2009 年世界发展报告《重塑世界经济地理》的明显影响。该报告认为，一些地方的良好发展势头是遵循了经济地理的三个基本特征，包括提高密度（城市和区域的集聚发展）、缩短距离（生产要素向经济密集区集聚）、减少分割（削减经济边界壁垒）。该报告传递的主要信息是，经济增长是不平衡的，在空间上均衡分配经济活动的意图只会阻碍经济发展，但不平衡的经济增长与和谐的发展可以并行不悖和相辅相成。该报告还强调，通过非空间的公共制度、连接各地的基础设施和具有地理针对性的干预措施，三者的最佳组合可以重塑经济地理，同时实现不平衡的增长与和谐的发展。

中国经济学者胡鞍钢在中译本的序言中提出了自己的见解。市场经济是人类迄今为止所发现的较有效的配置资源的形式，但市场经济不是万能的，一个有效的政府是经济与社会持续发展的必要条件。重塑中国经济地理，需要建立市场和政府的伙伴关系，无形之手和有形之手相互紧握。这是中国对于经济地理的发展理念和制度设计的重大创新。本书的核心议题就是探讨在中国经济地理的再平衡中政府和市场之间的伙伴关系。

唐子来

2019 年 11 月

前　言

写任何一本书都需要一种理由，想写本书主要基于最近的实践工作和理论学习两个方面，以及作为一个城市规划工作者，一直试图回答的一个命题，为什么有的城市会崛起，有的城市会衰落，是什么力量在引起城市的盛衰变化，从学术上可以有什么解释，从而发现城市发展的规律。本书依托《全国城镇体系规划（2017～2035）》（住房和城乡建设部《全国城镇体系规划工作方案》要求下开展的全国城镇体系规划的编制研究）的编制与《长三角巨型城市区域发展研究》（住房和城乡建设部"2017年部科学技术计划项目——软科学研究项目"之"城镇化与城乡建设"类）的开展，获取较为丰富的资料与数据，作为现象认识与机制解释的研究基础。"全国城镇体系规划"是一个系统上、整体上思考全国城镇在国土空间上的布局。进行"长三角巨型城市研究"是由于自己很长一段时间在上海及长三角工作，也一直在思考长三角的发展变化。边学习边写相关论文，有几本书对我形成本书有着巨大影响，分别是世界银行的《重塑世界经济地理》、斯科特的《浮现的世界：21世界的城市与区域》，萨森的《全球城市》，也是基于这些认知完成了博士论文，本书在博士论文《区域化视角下经济地理空间重塑研究》的基础上形成。

当前的经济发展和城市发展正面临剧烈的转型，由此会带来新一轮的经济地理的重塑，这种转型主要基于以下一些新的变化：一是全球化及其所带来的影响，当前全球化正面临巨大的挑战，主要由于美国特朗普担任总统之后出现的全球化逆潮和美国优先战略对全球化造成很大的威胁，但是全球化以及全球资本的流动所带来一些城市在全球网络中有着较强的权利和支配地位，比如伦敦对全球金融的影响，纽约对公司企业上市的影响等等，由此以萨森为代表的学者提出了全球城市理论，虽然出现了全球化逆潮，但全球城市对全球的影响力并没有降低，伦敦、纽约、东京、新加坡仍然在增强全球城市的职能，中国的北京和上海是全球城市重要的崛起者和竞争者，为此，上海 2035 总体规划提出"建设卓越的全球城市"目标。二是新经济对经济和城市发展带来的巨大冲击，以斯科特为代表的学者认为基于知识 - 文化经济是城市化的第三次浪潮，第一次城市化的浪潮是手工业城市的发展，第二次城市化浪潮是工业革命所产生的工业化、城市化的影响，以及商品的规模化、标准化生产，第三次城市化浪潮是知识 - 文化经济对全球经济影响，在知识 - 文化经济时代，美国的硅谷、中国的深圳和杭州正在迅速地崛起，并产生重要的影响力。全球城市和科技创新城市对中国的城市和经济地理必将产生重要的影响。

目　录

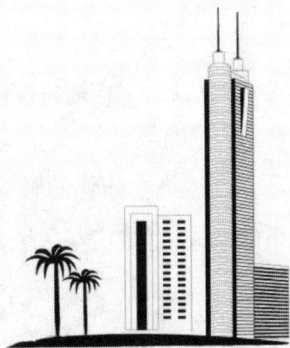

第1章

总论：经济地理重塑的三种力量

1.1 全球化和新经济影响下经济地理格局的演变

在经济全球化的影响下，资本的全球性流动、跨国公司的扩展与世界生产网络的形成，对城市与区域经济与空间产生深刻影响。伴随着"时空压缩"（Time-Space Comepression），"流的空间（space of flow）"取代"场所空间（space of place）"（Castells，1989），以跨国公司为代表的全球性生产贸易网络推动了全球城市的形成与发展，重塑了世界城市体系格局（弗里德曼，1995）。全球城市网络中越来越明显的表现为联系世界的全球城市如纽约、伦敦等通过资本的控制能力和服务能力，通过其总部-分支机构网络影响到全球城市网络，城市的等级体系由传统的自下而上的服务周边转向了自上而下的资本控制能力和服务能力，传统的克里斯泰勒的中心地理论（Christaller W，1966）转向了基于资本控制力和影响力的更加等级化的全球城市网络。

从区域看，以全球城市为核心并与一定地域范围内的城市通过分工实现功能性联系越发紧密，重塑了区域整体空间组织，促进全球城市—区域的形成（斯科特，2001），使得城市区域化成为主流趋势。城市群与巨型城市区域成为地域空间演进的主要形态，而事实证明随着全球化进程加快，区域化的特征也越加明显（帕迪森，2009）。

与此同时，世界经济地理格局在发生重塑（世界银行，2009），在不平衡的经济集聚规律中也发生着地区间再平衡的态势。如日本经济发展主要集中在三大都市圈，以东京为核心的首都圈，以名古屋为核心的中部圈，以大阪为核心的近畿圈，集中了全国 73.6% 的 GDP 总值，68.7% 的人口。但是在经济集中的同时，地区之间的差异并没有明显拉大，日本衡量地区之间人均 GDP 差异的最高值与最低值的比值仅为 1.08。这说明在经济集中的同时，地区之间的基本公共服务、工资和收入反而呈现趋同。

在经济全球化和新经济迅速发展的影响下，资本的跨国流动和跨国公司的扩展，互联网带来新经济活动所形成的广泛联系和时空压缩，城市和区域经济地理面临着新一轮的重构，同时伴随着中国全球化和城镇化发展与经济的转型，区域化成为中国经济、人口与空间发展的重要趋势，表现为城镇密集地区形成更加紧密的网络化过程，以及城市群或巨型城市地区的逐渐形成，很多城市提出了建设全球城市或国家中心的发展目标，但区域之间以及城乡之间发展的不平衡的问题日益突出，许多传统的生态地区提出了基于本土化与生态文明的新的发展方式。如何认识新一轮经济地理重塑的特征，如何识别促使空间重塑背后的力量并解释其形成的机制是本书的核心目标。

1.2　全球化的反思与地域化力量的兴起

另一方面，一些学者对全球城市理论进行批判，认为世界上的许多城市由于政治经济等各种原因不能纳入全球城市框架中去，而全球化会扩大全球城市网络中的城市和非全球城市网络中的城市之间的差距，导致世界发展的不平衡。特别是金融危机以来，伴随全球化进程中一些负面因素的累积，全球化理论受到阻碍，去全球化和逆全球化思潮上升，区域性保护主义政策抬头，全球治理格局和形式也相应发生变化，呈现区域治理结构的多元化与多层级性。

在此背景下，全球本土化（Lobalization）概念被提出。这一理论认为边缘国家或边缘地域随经济的崛起而逐步获得文化话语权，呈现一种新的多极化文化生态格局。这使得曾经处于边缘、没有话语权的地域，借助高科技传媒、数字网络传播，走向世界并获得关注（金元浦，2013）。

在世界分工网络外的一些地区，依托地域性资源要素，通过本土化动力实现在地复兴与特色化发展。如一些手工业城市，并非按照产业分工理论专门化发展，而是利用本地的材料，本地劳动力发展在地化的产品；一些乡村地区，在一小块地域形成从原材料到制造到消费的本地化的产业链；一些生态地区，依托地域化的风景资源，获得旅游观光业发展与新兴经济的青睐，实现了区域地位与影响力的提升。这意味着基于本土要素提升的地域化成为重塑经济地理格局的另一种力量。

1.3　中国区域化经济地理空间发展态势

改革开放以来，伴随着全球化与城镇化进程，中国区域经济地理空间也相应地发生了剧烈而复杂的变化。

首先，在全球产业分工中，以长三角、珠三角为代表的城市区域越发纳入全球经济网络，形成世界上主要的城市密集地区，城市之间的关联性与一体化程度不断加深。与此同时，经济与人口呈现出区域化态势。具体表现为，经济上，伴随沿海出口受阻与人力成本的上升，一些沿海企业向内陆转移，基于物流成本、文化认同等多方面因素，呈现大量企业为降低成本、在一定区域范围内转移并重新集聚的态势。企业内迁并非简单从经济发达地区向欠发达地区的"梯度转移"，这种企业转移呈现在一定区域范畴内转移的倾向。相应地，人口外出大省的外出人口发生了回流，既有向本省的回流，也有回流到一定区域范围内。从人口流动看，通过对第五次全国人口普查与第六次全国人口普查人口流动数据的比较，发现人口流动出行的平均距离在缩小，呈现近域流动增强的态势。经济与人口的流动加强了城市及地区之间的联系，促进新的经济空间和城市体系新格局的形成。

其次，在区域化的过程中，长三角、珠三角、京津冀等区域的中心城市正在代表这一地区参与全球城市网络的竞争，比如长三角的上海，提出建设"卓越的全球城市"的目标。目前，其在全球城市网络中主要表现为资本的服务能力，未来逐渐加强资本的控制能力，以及提高创新能力。如杭州在新经济中迅速崛起，融入全球城市网络。京津冀中的北京借助于总部经济，在全球城市网络中表现为资本的控制能力更强等。可以看出，在区域化的过程中，区域的中心城市更加强调代表地区融入全球城市网络，加强对外的关联与对内的辐射。

此外，在生态文明与美丽中国建设的政策背景下，随着休闲消费时代来临与互联网等新经济崛起，城市群以外一些曾经欠发达地区，凭借自身优良的生态人文本底，获得了新的发展动力，走出了"绿水青山就是金山银山"的发展路径。这一动力根植于地区，呈现"从底层开始"、"自下而上"的发展特征。在此背景下，生活水平会在分化后逐步趋同，城乡差距与地区差距有望缩小，逐步走向再平衡。

1.4　经济地理重塑的三种力量

本书在全面梳理新经济地理、全球城市网络、全球本土化的相关理论的基础上，提出了当前中国区域经济地理空间重塑机制的解释框架，认为区域经济地理的变化核心是三种力量相互作用的结果，即等级化、网络化、地域化，并从经济、人口、空间三个维度来进行实证的研究。

等级化力量的核心是全球城市网络对各级城市的影响所导致的，全球城市网络的顶端城市，他们有更强的资本控制能力和资本服务能力，它通过一级一级的全球城市网络为资本的流动建立一个无形的框架，用"看不见的手"控制着全球的经济活动，城市也希望从低一级的城市网络向更高一级的城市网络变化，由此形成新一轮的城市等级变化。

网络化力量的核心是城市要融入全球或区域的功能性网络，按照流的空间理论，城市之间功能性的网络联系要取代地理临近所产生的联系，城市之间的相互网络也形成更大的规模化经济，同时除了区域内部网络，对外联系的全球城市网络也是经济关系的另一种联系方向，网络化的力量导致"世界是平的"的经济地理重构现象，世界越来越等级化与越来越网络化，看似相互别扭的两种力量在影响着城市或区域的发展。

地域化力量是指在全球城市网络之外的非城镇密集地区通过全球本土化的方式的崛起，并由此形成区域或区域空间的再平衡的一种力量，地域化力量是指充分利用本土化的生态要素、人文要素、乡村要素通过与国际化和现代化的方式的结合而充分显现出来的一种新的"生态人文新经济"的价值。

在解释框架的基础上，从全国和长三角城市群两个层面对空间重塑的现象进行测度与机制解释，从而验证和归纳区域化视角下区域经济地理空间重塑的现象与成因，得出研究结论。

在国家层面，通过经济人口数据的分析，认为当前区域经济发展的核心问题是不平衡，主要体现在两个方面：一是区域之间发展的不平衡，以及表现出区域所形成的城市群之间发展不平衡，二是城镇密集地区和非城镇密集地区之间的发展不平衡。在等级化和网络化力量的作用下，区域出现了再平衡的趋势：一是全球城市和国家中心城市的形成。二是巨型城市地区和城市群的形成与发展。第三是非城镇密集地区通过地域化的生态要素、人文要素的挖掘，形成魅力特色区的新范式。

在长三角层面，基于企业大数据与人口流动的分析，长三角的等级化特征通过价值区段的等级化、人口的分层城镇化等方面得到实证检验，总体来看长三角地区以"价值区段"为特征的垂直分工正在显现，高价值区段越来越集中，低价值区段向外围地区扩散，中价值区段主要集中在潜力地区。从人口分层城镇化来看，城镇体系的分层曲线是平滑的，大中小城市协调发展的态势比较明显。从关联网络来看，上海龙头地位突出，杭州和南京作用明显，区域的主次结构越来越清晰，但从新经济关联来看，杭州地位崛起，基本形成杭州上海双中心的格局。人口关联网络表现出区域内人口流动和省内人口流动都在加强的态势。从地域化所形成的魅力区发展模式来看，长三角的安吉、高淳、崇明岛形成了基于地域化的"生态人文新经济"发展模式，横轴就是生态、人文、乡村等地域化要素的挖掘。纵轴就是这些地域化要素的价值彰显，实现边缘化地带的空间再平衡。

1.5　本书的主要章节导读

1.5.1　主要章节介绍

本书在系统梳理区域经济地理相关理论的基础上，从区域视角出发，研究试图回答以下问题：其一，在全球化与本土化背景下，影响区域经济地理空间重塑的关键力量有哪些？对人口、经济、空间的作用机制如何？其二，中国区域经济地理空间演化的特征与发展趋势如何？是否从不平衡走向再平衡？等级化、网络化、地域化的作用力如何？其三，长三角城市群经济地理空间重塑表现出哪些特征？等级化、网络化、地域化的作用力如何？

围绕以上几个问题，本书从九个章节进行论述。

第 1 章是总论。阐述了全球化以及新经济发展对世界的经济地理重塑的影响，同时反全球化以及广义的本土化也会对经济地理重塑产生影响，这种影响不仅对世界的城市格局产生影响，也会对中国的经济地理和城市格局产生影响，一些城市会崛起，一些城市会衰落。而这种起起落落的背后表现为三种力量：等级化的力量促进全球城市的兴起，网络化力量会促进城市 - 区域的形成，地域化的力量会从全球本土化的角度促进那些特色型城市的发展，并形成一种独特的发展模式。三种力量对中国的人口 - 经济 - 空间产生较大的影响，在国家层面和区域层面都能够得到验证，这是本书的基本研究框架。

第 2 章介绍了国内外关于空间经济学与经济地理理论相关研究的最新进展，在新区域主义相关理论、全球城市相关理论、全球本土化相关理论的基础上，构建区域经济地理空间重塑机制的解释框架，即等级化、网络化与地域化三种力量对经济、人口、空间三大要素的作用影响。主要内容是相关理论综述与解释框架构建。

第 3 章是国外经济地理空间的演变历程研究。以美国、欧洲、日本为案例，分析其区域经济地理空间演变的历程特征，包括对《美国 2050》规划以及美国巨型城市地区的发展，欧洲空间规划展望和大伦敦地区的发展，以及日本大东京地区的发展等等，验证等级化、网络化与地域化三种力量在地理重塑过程中是否存在以及分别发挥了怎样的作用。

第 4 章聚焦于我国区域经济地理的现状，从人口、经济、空间的演化特征来看中国经济发展不平衡，一方面表现为区域之间的不平衡，另一方面表现为城镇密集地区和非城镇密集地区之间的不平衡。这不平衡背后可以观察到时人口的跨区域流动，以及经济的集聚程度和速度。

第 5 章基于构建的三种力量的解释框架，从等级化角度讨论了中国的全球城市和国家中心城市的形成与发展，从网络化的角度讨论了中国的城市群和巨型城市区域的形成与发展，从地域化角度讨论了国家魅力特色区的构建（国家魅力特色区是作者呼吁的相对于城市群的一种新型城市化模式与空间集聚形态）。

第 6 章、第 7 章、第 8 章是从城市群层面，对长三角城市群经济地理空间重塑的实证研究。基于构建的机制解释框架，分别从等级化视角分析长三角城镇体系与人口规模等级、产业链的价值区段与功能等级以及空间的分区等；网络化视角分析长三角经济关联网络、人口流动网络以及空间格局网络，并分析其演变的特征和机制；地域化视角分析长三角的地域化的关键要素，以及基于地域化而发展的生态、人文、新经济的发展路径。

第 9 章为结论部分，对论文的核心观点进行提炼和概括，并对中国区域化研究进行展望。通过归纳本书研究的核心结论，并指出研究的不足之处，并展望进一步研究的重点内容。

1.5.2　本书框架

绪论 研究背景：全球化新阶段、我国区域协同发展　　研究缘起、目的、意义与方法	第一章

经济地理空间演化理论综述 ➡ 机制解释框架构建 三种力量　　经济地理空间重塑 新经济地理相关理论　　等级化　　经济 全球城市相关理论　　网络化　✕　人口 全球本土化相关理论　　地域化　　空间	第二章

国外经济地理空间的演变历程 美国区域空间格局演变　　欧洲区域空间格局演变　　日本区域空间格局演变	第三章

全国经济地理空间重塑实证研究 　　　　经济　　人口　　空间 作用力量　等级化：等级化 ↔ 功能等级 ↔ 全球城市与城市体系 　　　　网络化：经济关联网络 ↔ 人口流动 ↔ 城市群与巨型地区 　　　　地域化：地域价值提升 ↔ 就地城镇化与乡村现代化 ↔ 魅力特色区	第四章、 第五章

长三角经济地理空间重塑实证研究 　　　　经济　　人口　　空间 作用力量　等级化：价值区段分工 ↔ 分层城镇化 ↔ 核心-潜力-外围 　　　　网络化：经济关联网络 ↔ 人口流动 ↔ 多中心、一体化 　　　　地域化：生态、人文、新经济价值提升 ↔ 本地人的在地营造 ↔ 美丽地区（乡村）崛起	第六章、 第七章、 第八章

结论与展望	第九章

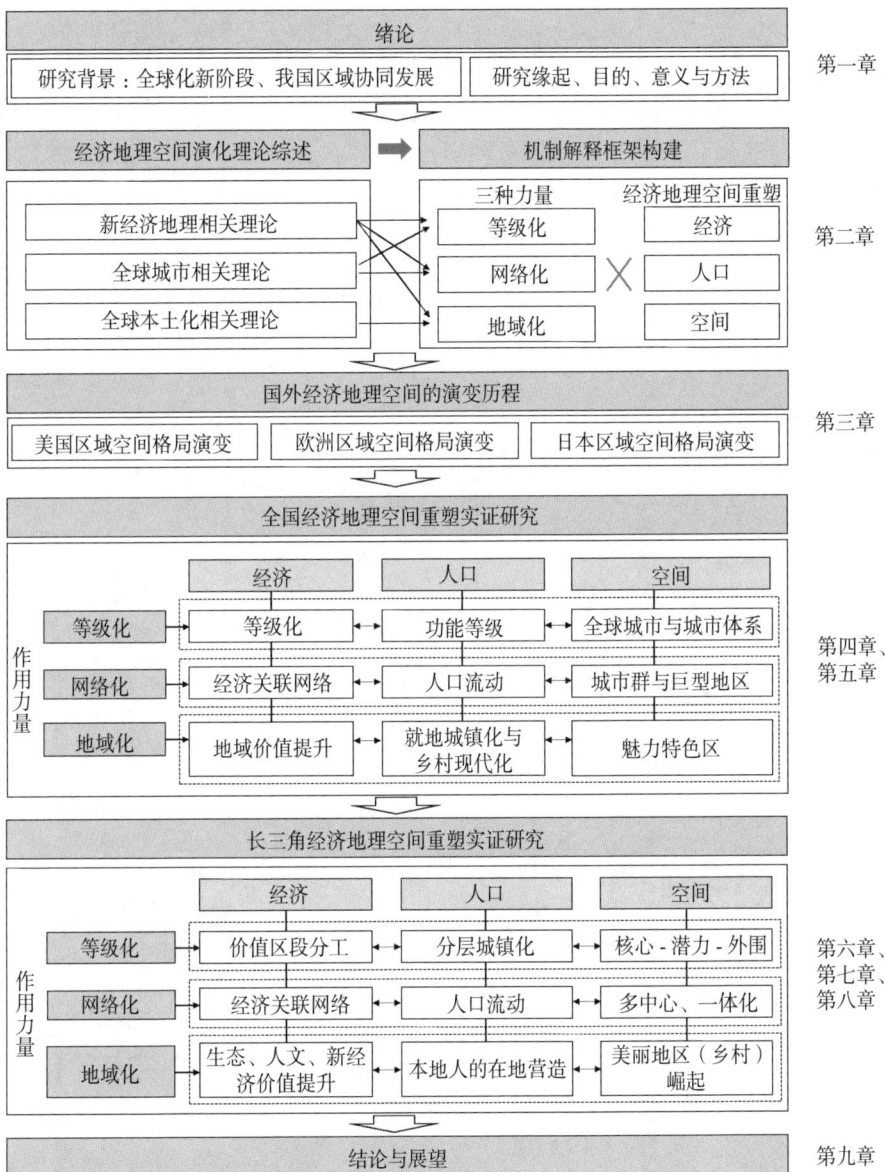

图1.1　本书研究框架

第 2 章
国内外空间经济学与经济地理理论研究

2.1 新经济地理相关理论

2.1.1 传统空间经济学

传统空间经济学是建立在古典区位理论框架内，在深入研究土地利用、地租和产出的基础上，经历从农业区位论到工业区位论的理论演替逐渐形成的。

德国经济学家杜能（Thunnen，1826）提出的农业区位理论首次提出了农业生产方式与城市距离之间的关系，之后阿尔弗雷德·韦伯（Webera，1909）的工业区位理论，又被称为"最小运输成本理论"，是最早讨论空间经济区位布局的理论之一，他认为不同的区位有不同的运费差异，每个企业都在寻找成本最小的点，可以数学模型、运输费用等值线圈作为基本的分析工具，可以研究不同类型企业为了寻求成本最小、收益最高所选择的最优区位。农业区位论与工业区位论强调规模报酬不变和完全竞争两个重要的经济学假设，这也是古典区位理论的核心思想。

在此基础上，克里斯泰勒（Christaller，1933）开创了中心地理论。他对无差异平面区域的城市结构进行分析，以"最小化运输成本"的原则将城市的规模与等级的关系概括为正六边形模型，不同层级的中心服务不同的范围，由此形成了城镇体系与大中小城市的最优布局模型。中心与腹地关系发展在空间形态上表现为由城市发展成为大都市区（或大都市圈），大都市圈的连绵发展逐渐演化成城市群。

廖什（Losch，1939）则是把市场区位理论应用于企业的选址。工业区选址目标既不是成本最小的地区，也不是收入最高的地区，而是两者差值所形成的利润最大的地区。随着经济发展从局部均衡走向一般均衡，其市场也形成蜂窝状的六边形结构的面状市场，廖什系统的建立和发展了工业区位理论、经济区理论和市场区位理论。俄林（Ohlin B.G.）在此基础上讨论了地理位置、规模经济对贸易的影响，认为国际贸易与国内贸易并无本质区别，而只是程度的区别。区际贸易是区与区之间贸易，而分区主要依据资源禀赋条件。廖什和俄林的研究也促进了贸易与生产布局关系研究新领域的开拓。

马歇尔（1920）在《经济学原理》一书中专门用一章探讨了空间的"产业集中"问题，他着重于运用意会性知识（tacit knowledge）溢出与专业化分工与服务等外部性来解释产业集聚的优势与原因。此后，在20世纪40年代和50年代，产业集聚所产生的外部性逐渐被经济学家们开始区别对待，一种外部性为技术外部性，是通过面对面的相互接触与分享从而推动了技术的推广；另一种外部性为以市场为媒介的外部经济，通常市场规模导致的外部经济与技术溢出效应是同时存在的。

"二战"以后，以艾萨德（1956）为首的学者将杜能、韦伯、克里斯塔勒、廖什等人的模型整合为一个统一的理论框架，成功地将经济学融入地理学，但其缺乏一个完整理论，理论分析仍然局限于完全竞争的框架之内。之后，Jacbos（1969）以城市系统为研究对象，重点分析城市的内部空间结构，进一步延伸了古典经济理论的相关研究工作。

传统空间经济学在完成了关注区位、市场和完全竞争假设等多重演进完善之后，标志着这一学科理论的基本成型，较好地回答了经济活动在理想空间内的分布规律问题。正是在古典经济学的众多假说或理论基础上，克鲁格曼（1991）开创性地提出了"中心-外围"模型（Core-Periphery Model），奠定了对经济活动进行区位或空间分析的微观基础，开启了空间经济学下新经济地理的历史性阶段。

2.1.2　经济视角的新经济地理

克鲁格曼是诺贝尔经济学奖获得者，其重要的成果是把地理引入到经济学，借鉴迪克希特和斯蒂格利兹的垄断竞争一般均衡分析模型为基本的分析框架，同时超越传统的贸易分工理论，借鉴基于规模经济和非完全市场竞争所倡导的新贸易理论，利用萨缪尔森的"冰山"型运输成本（Iceberg Trade Costs）理论，采用了经济学定量分析的方法和手段，在传统经济学所强调的一般均衡的分析逻辑中，首次把空间概念加入进来，这是主流经济学对空间经济学的一种高度认可，作者提出了在经济学和地理学都影响较大的"中心 - 外围"（Core-periphery）模型，也是首次在经济学中比较重要但是又长期被忽视的空间问题纳入了主流经济学的研究范畴，而且能采用定量的模型，这是非常难能可贵的。克鲁格曼擅长用简洁的语言，以及简单的模型来分析问题，在中心 - 外围模型中，克鲁格曼认为国际贸易之所以发生是因为各个国家对规模经济的追求。在同一产业内部，由于专业化的分工及对规模的追求，也导致了更多的国际贸易。越来越多的公司把原来属于内部的生产而分包给外面的公司，从而引起贸易活动增多，分工也导致了更低的价格，使得新经济地理与新贸易理论进行了很好的衔接。新贸易理论解释了 20世纪 50 年代以来为什么更多的贸易是在资源禀赋条件相似的发达国家之间产生；而不是传统贸易理论认为的在差异化较大的国家之间，发挥各自的比较优势而产生大量的贸易活动。新经济地理弥补了传统贸易理论对贸易现实解释能力的不足。该理论认为，交通成本的下降会进一步促进专业化分工，以及同一产业内部贸易的发展。同时，认为集聚的规模效应会促进经济的进一步集聚，生产要素和人口的自由流动也会促进经济的集聚。

经过藤田（Fujita，1999）、维纳布尔斯（Venables，1999）等学者的共同努力，建立了一个新的空间经济学研究框架。该框架创立初期的研究重点是解释不同层次地理空间上的经济集聚现象和集聚力的来源，也从空间集聚力的内生演化角度，改变了古典经济学的完全竞争假设，从不完全竞争的假设条件来分析空间集聚的原因。在上述工作的基础上，克鲁格曼、藤田昌久与沃纳伯尔斯（1999）共同出版了《空间经济学：城市、区域与国际贸易》，建立了新的空间经济研究框架——新经济地理。

新的全球化背景和社会需要，使得新经济地理更多地用于关于贸易的研究，规模报酬递增理论的最新发展及其在经济地理学领域的传播和扩散是新经济地理发展的渊源。新经济地理学与传统经济地理学的一个最显著的差别在于前者采用不完全竞争、规模报酬递增和多样化需求假设，而后者采用完全竞争、规模报酬不变、和同质需求的新古典假设。从新经济地理视角开展空间经济分析的目标是解释区域经济发展非均衡性、专业化分工以及集聚的趋势，其核心概念是经济聚集与扩散等。新经济地理把空间经济学理论与国际贸易问题结合起来研究，同时以外部经济为切入点，强化其在贸易中的作用，从某一产业的经济集聚所带来的规模收益递增，以及虽然同为资源禀赋与技术条件相似的国家也会产生专业化的分工，这是不同于新古典经济学关于资源禀赋决定国家的产业结构理论的。

从新经济地理的最新研究表明，相互之间的贸易会引起某些产业的规模经济的重新集聚，从而也会带来经济地理的重新组织，从全球层面来说，制造业的全球化分工的体系，带来制造业的生产活动更加分散，但同时制造业也会空间上重新集聚，形成产业集群。经济聚集表现为劳动力、资本、技术等要素的再聚集，以及经济聚集所产生的成本优势。

Goldstein 和 Gronberg（1984）研究了经济集聚在什么情况下发生，认为城市对该区域的各项基础设施和公共设施的投入会降低所有企业的成本时，企业因为这种正外部性的作用发挥会导致成本的降低，这时就产生了所谓的经济集聚和聚集经济。城市的基础设施投入包括建设机场、高铁、道路、污水处理厂等，城市公共设施投入包括建设医院、学校、大学等。规模经济的发生包括了产业集群经济和城市化经济，前者的表现是某一类产业的集聚，比如高新技术产业集群、纺织产业集群等；后者表现为所有企业的成本都降低了，就是典型的城市化经济，有时也表现为大城市的规模经济。空间经济学家的核心贡献是通过定量的分析，证明了集聚经济的存在及存在的微观条件，即处在同一城市或地区每一个企业的生产成本比处于不同城市或地区每一个企业的生产成本要小时，就存在聚集经济。集聚经济存在的关键也是城市或企业的投入能带来所有相关企业的贡献，而产生正外部性。

经济活动在空间集聚的同时也产生着扩散力。如果只有集聚力没有扩散力，则所有的经济活动都会集聚在一个地点上，而实际的经济活动也还是因为外部条件的不同会在很多地点展开，这里也存在在外部不经济问题。聚集经济也会产生各种交通拥挤等成本增加的问题，外部不经济的现象相应的会产生，现代经济学家强调不同规模城市的各种不经济现象，如大城市的所谓"大城市病"包括交通拥挤、高工资、高土地价格和住房价格、污染和犯罪等等。因此，聚集力量也受着相反力量的制约，即同时也存在着要素的扩散力。如果大量的企业集聚在同一个地区，企业之间的相互竞争一般较大，竞争比较激烈和充分，一些企业也因此会选择不集聚在这一地区，从而形成了相对集聚作用而言的分散力。分散力的形成促进了产业在空间上的相对分散布置，集聚力和分散力两种力量作用在企业的空间布局上，从而形成了均衡的空间分布特征。

以杨小凯（1993）为代表的新兴古典经济学运用分工和专业化理论解释了产业为什么没有只集中在大城市，而是大中小城市分层发展的趋势。新兴古典经济学认为城市的产业是交易需求的结果，并不是所有交易都集中在一个城市，城市的合理分层是集中交易带来的效率（好处，包括交易的便利等）和成本（坏处，包括城市拥挤等）进行折中的结果。大城市在国际交往、信息等方面具有好处，产业集聚等方面具有成本优势，但是在交通拥挤等方面又会导致过高的成本，而中小城市在信息服务等方面存在劣势，但在城市宜居、交通便捷等方面存在好处。居民会基于大城市和小城市的好处与坏处从而进行选择，选择的结果会形成大中小城市合理分工的局面。

沃纳伯尔斯（1996）认为规模经济的存在既发生中间部门，也发生在制成品部门，这些产品的具有规模报酬递增特征引起在全球范围内的规模集聚的发生，在地理结构上表现中心-外围特征。藤田昌久在假定工人不能流动及产品同质化的前提下，表明区域内工人收入存在巨大差异。奥塔维亚诺和蒂斯（1998）证明了即使运输成本很低的情况下，中心-外围结构仍然成立。而藤田昌久、克鲁格曼等（1997）考虑规模经济与运输成本两方面因素，得出克里斯泰勒（1933）所设想的等级城市体系特征的存在。维埃拉（2002）考虑土地紧缺与交通拥挤，并结合外部性分析，发现城市在规模大小不同的等级下存在稳定均衡。

对经济全球化的怀疑派则认为，全球化充其量是一种发达国家之间的国际化（P.Hirst，G.Thompson，1992），或者是三大区域（欧洲、北美和亚太）的区域化（Boyer and Drache，1996）。而经济区域化对全球化产生了阻碍作用。盖马沃特（2012）用"半全球化"解释世界发展格局，认为 CAGE（文化距离、行政距离、地理距离、经济距离）仍然制约了国家间的交流，使国内贸易远远大于国际贸易；而全球化本身也呈现出贸易、投资地区化的倾向。此外，盖马沃特还认为对于新兴市场国家，由于国家面积广阔、基础设施落后及国内贸易存在行政壁垒，使得国内地区边界之间存在贸易限制，由此导致的区域化贸易量超过全球化的贸易量，导致形成的新的区域空间再组织与再重构。

对区域化背后显现出来的空间规律而言，通过对区域不均衡发展及贸易机制问题的研究，发现当今人们活动表现为相互矛盾两个方面，一方面经济活动在全球范围的扩散，但同时也在一定区域内重新集聚，形成城市群或一体化发展的区域，区域的集聚与扩散同时发生，既有"去地域化"，也有"再地域化"。在集聚与扩散，向心力与离心力、去地域化与再地域化的分析框架中，许多学者从市场作用、政府作用、文化影响等各个方面研究了空间的集聚、扩散、再集聚、网络链接等在经济地理上的发生机制与影响过程。马特利（Mattli，1999）认为，区域的合作与一体化是把跨越边界所产生的外部性内部化的过程。欧洲的跨区域整合更多是通过制度的建立而进行合作，而东亚及亚太地区的区域整合更多是自下而上的，是市场作用的结果，一般缺乏正式的制度框架，是国际公司通过创造跨界联系所导致的空间联系过程，是通过贸易、FDI 及技术合同等作用的结果。针对不同类型产业出现极化集聚或区域扩散等非均衡分布的现象，杨小凯（2000）、Batisse&Poncet（2003）和白重恩（2003）是反对区贸易保护政策的，认为这些政策会对产业集群形成妨碍作用。维纳布斯（Venables，2001）和瓦尔兹（Walz，1996）的研究表明贸易的自由化和经济一体化会促进产业的集聚、创新的集聚与形成规模收益递增，同时促进经济的持续稳定的增长和劳动生产率的提高，因此对那些具有规模经济或产业集群要素的国家或地区，通常在相互贸易中获得相对较高的收益。斯多伯（Storper et al，2002）等人的研究也表明，对于发展中国家而言，吸引外国投资和国际贸易的发展，促进了本国的技术、管理经验和市场的发展，同时也促使产业了在空间的集聚，形成产业集群，同时增加了就业和保持了经济的活力。斯尤伯格和斯尤侯姆（Sjoberg & Sjoholm，2004）也发现了在发展中国家印尼的贸易公司具有非常高的产业集群特征与空间集聚的表现，贸易的自由化强化了产业在全球范围内的专业化分工，也促进了产业集群的形成，也促进了一些发展中国家更加接近国际市场，增强该产业在国际上的竞争力。

2.1.3　地理视角的新经济地理

新经济地理学探讨的是经济系统中内生动力要素（生产要素、知识创新、产业联系等）以及这些内生动力如何影响经济活动的空间布局。主要涉及的领域包括：区域与地方发展、全球化、产业地理、劳动力地理、创新和创意地理、金融地理等（Krugman，1995；Fujita et al，1999；段学军等，2010；罗小龙，2012）。

（1）区域与地方发展

20世纪80年代经济地理主要关注传统生产要素对经济发展的影响，以及产业集聚与区域发展的关系。20世纪90年代以后，创新和创造成为研究的热点，学习型区域和创新环境，社会与制度网络对经济发展的影响成为主要的研究领域。21世纪之后，政治经济学的价值循环理论、全球生产网络理论、知识、文化与创意的视角成为区域与地方发展的主要研究重点。

（2）全球化

20世纪80年代，全球化研究的主要领域是跨国公司将生产功能外包给发展中国家，将研发等高价值环节留在母国，传统的国际劳动分工理论难以解释这一现象。在20世纪90年代之后，以全球价值链、全球商品链和全球生产网络为核心的全球化分析成为研究的重点，也体现经济地理的"关系"转向。21世纪初，曼彻斯特学派构建了全球生产网络的分析框架，将全球和地方两个尺度链接起来，在全球化背景下关注地方嵌入和网络嵌入。

（3）产业地理与金融地理

早期的区位理论是农业区位论和工业区位论，以及以新古典经济学的静态局部均衡为代表的中心地理论，之后有以一般均衡为代表艾萨德的"替代原则"和以俄林的"一般区位理论"。之后，地理学视角的新经济地理进一步发展了产业区位理论，随后以克鲁格曼为代表的经济学视角的新经济地理从计量角度丰富和完善了产业区位理论。进入 21 世纪，经济地理进入服务领域，随之金融地理学开始发展。金融地理主要受马克思主义的政治经济学的影响，货币分析一直是马克思主义学派研究的核心，其典型代表主要包括大卫·哈维。金融地理认为，向特定地点输出货币，对空间的生产有着较大影响。

（4）劳动力地理

Andrew Herod（1997）定义劳动力地理是"以劳动力视角审视资本主义经济地理研究"，劳动力地理的研究基础主要基于马克思主义、女权主义等，一般具有左派的倾向。以往认为，劳动力主要受资本的推动而被动作用与空间生产，而这一视角的研究更多地强调劳动力的主观能动性。

（5）创意地理与消费地理

随着发达国家的后工业化进程的加速发展，传统的经济发展理论受到冲击，熊彼特首次提出了创新理论，之后创新地理也开始出现，主要是基于"新区域主义"理论，包括弹性专业化学派、加利福尼亚学派和技术创新学派。创意地理学强调创意活动与邻近之间的关系，地方宜人的生活环境、包容的社会环境、创意人才的社区是关键。创新和创意都有积聚的特征。

相比较而言，消费地理研究在 20 世纪 80 年代后期逐渐进入研究地理学的视野，其研究内容渐从早期的住房拓展到食品、零售、休闲等很多领域和部门；从极具代表性的购物等实体空间、消费景观研究拓展到非正式的、虚拟的消费空间以及消费主体与消费空间关系研究。

2.1.4 人口区域迁移相关理论

人口迁移受地域属性限制，具有区域特性，是人口流动的基本规律之一。E.G. 列文斯坦（E.G.Ravenstain，1876）对人口迁移规律作了最早的总结，认为人口迁移动机与经济因素具有较强的相关性，总体来说大多为短距离迁移，长距离迁移主要是迁向国家的某个大型商业中心，迁移流具有双向性，工商业发展及交通设施改善对迁移量增长有重要影响。泽林斯坦（Zelinsky，1971）提出了"人口流动转变"五阶段论，认为人类迁移存在 5 阶段，"前工业化社会、早期转变社会、转变后期社会、发达社会和高度发达社会"，不同阶段人口迁移特征不同，其中在第 2 阶段，即早期转变社会阶段，出现大规模由农民向城市的人口迁移，以及国内移民拓荒或海外殖民。赫伯尔（R.Herberle，1938）在《乡村 - 城市迁移的原因》中较早提出了人口迁移的推力 - 拉力理论模型，乡村的就业不足、耕地不足、基本生活保障（学校、医院）不足构成了人口迁移的推力。而城市有更好的就业机会、更高的工资、更好的教育与医疗条件构成了人口迁移的拉力，推力与拉力的共同作用构成了人口从乡村向城市的迁移。

新古典主义（Rain and Fei，1961；Todaro，1976）认为，相对价格差异导致了生产要素在不同地域的不同分布特征，当劳动力和资本在地域上分布不均时，便会发生移民现象。在微观层面，移民行为属于主体的理性选择，其目的在于迁入地所获得的劳动报酬大于有形与无形的迁移成本，而迁移成本随距离增加而增加。

对于城乡差异，最经典的理论来自于刘易斯（1954）所建立的二元模型。刘易斯把发展中国家的经济结构分为两个部门，一个是以农业、农村、农民为代表的传统部门，一个是以现代工业、城市和城市市民为代表的现代部门，传统部门和现代部门之间相互作用、相互影响以及城乡之间的互动是发展中国家的经济社会典型的二元特征。由于发展中国家的农村地区的劳动生产率和劳动边际生产力都低于现代部门的劳动生产率和边际生产力，农业部门的劳动力会愿意转移到工业部门去，这一阶段也称为劳动力的无限供给阶段。但所有农业剩余劳动力随着城镇化的快速发展，从农村转移到城市，并都被工业部门吸收之后，农业部门的工资率随着劳动力的减少以及农业现代化的发展，其边际生产力也将得到提高，这标志着传统经济向现代经济的转型发展基本完成，这个农业剩余劳动力结束的"点"在学术界称为"刘易斯拐点"，从而该国的劳动力也开始出现短缺。

钱纳里（1988）提出的发展模式隐含了农村城镇化的主要内涵，揭示了产业人口与城乡结构的变动趋势，反映了工业化与城市化的关系。而托达多（1969）对刘易斯模型进行了修正，认为迁移的动力不仅来源于经济差距，还来源于就业机会，表明仅仅依靠工业扩张不能解决落后地区的失业问题，需要城市工业部门与劳动需求同步扩张。对于落后地区的发展优势，最早的理论基础来源于比较成本理论和要素禀赋学说。李嘉图提出的比较优势理论认为国家和地区能够根据自己的资源禀赋条件，以自己的"绝对优势"的产品参与国际分工体系，对于两国贸易而言，没有绝对优势但具有"相对优势"的产品也具有比较优势，也可以参与国际分工体系。而要素禀赋理论认为劳动资源丰富的国家和地区可以依靠贸易更加密集地使用劳动力，使工资上升，但长期采用劳动力密集产业将使劳动力价格下降，影响经济发展与城镇规模扩大。

新经济移民理论认为引发移民的动机主要是基于参照全体比较后可能产生的"相对失落感"，因此同一地区生活于收入底层或收入不均地区者比生活于收入高层或收入均等地区的家庭更易移民。波特斯（1960）提出了族群聚集区的概念，认为移民自身形成的经济圈对原住地居民具有特殊的吸引力。移民网络说将移民看作涵盖血缘、乡缘、情缘等一系列人际关系的组合，使得移民较多的地区易于加速对某地移民的吸引力，构成主要吸引区域。从实证研究来看，美国人口由东北及中西部传统发达地区向南部和西部"阳光地带"流动趋势极为明显，但人口流动构成中同一都市区流动人口比例占总流动比例50%以上，且呈现出大城市人口向都市边缘或都市区内中小城市流动的特点。

2.2　全球城市相关理论

2.2.1　世界城市体系与网络

随着经济全球化的深度发展，关于世界城市（World City）、全球城市（Global City）的研究也逐渐成为西方城市与空间研究的热点。全球化和信息化正在加速了世界新的城市等级体系的重构重塑，城市经济超越国家或地区界限，打破企业内产业垂直分工体系，在全球城市网络中重新链接和网络化，在新的经济运行逻辑下，也会带来新的全球城市和全球城市体系的形成，形成新的链接全球的经济、社会组织体系和网络体系。

美国学者弗里德曼（J.Friedmann，1986）提出了世界城市假说（The World City Hypothesis），认为经济全球化影响并改变了全球城市体系，促进了世界城市和世界城市网络的形成。他强调世界城市的总部功能与国际功能决定了该城市在世界经济中的地位，以及与世界经济一体化过程中的链接方式与程度，并提出了世界城市的七个指标，认为世界城市是作为全球经济网络的顶端城市，是跨国公司的总部所在地和生产性服务业的集聚地、全球交通与通讯枢纽、国际移民的主要目的地。弗里德曼是最早研究城市体系的学者之一，开拓了从公司总部等方面来研究全球城市体系的新方法。

几乎同时期，美国学者萨森（Sassen，1991）在出版的《全球城市：纽约、伦敦、东京》一书中提出了一个类似的概念"全球城市（Global City）"，从生产性服务业以及金融服务业角度界定了全球经济一体化角度下的全球城市网络系统。

昆曼和魏格纳（Kunzmann & Wegener，1991）对全球经济一体化以及区域一体化背景下的城市网络体系进行相关研究，认为全球城市区域或大城市是新的产业整合一种重要的地域空间组织形式，会带来新的经济地理空间重塑，这些新的地域空间也是全球经济发展的引擎与核心。

泰勒（Taylor，2009）与他的全球化与世界城市研究小组（the Globalization and World City Research Group，GaWC）对世界城市网络进行大量分析研究，提出了世界城市体系研究的"网络方法"（network approach）。他们从弗里德曼所强调的世界城市等级的分析框架转向世界城市网络的分析框架，具体而言将弗里德曼假定的"垂直分工"下的等级关系，转化为"世界城市行动者的网络关系"（World city actor-networks）（Smith，2003）。

2.2.2　流动空间

卡斯特尔（M. Castells，1996）采用层级（SCALE）对全球化进行解释，认为全球化也是社会 - 空间关系的一种新的形式，社会关系也日益突破地域范畴，将全球范围作为延展的场所，同时复杂的社会空间呈现再层级与再重构的过程，隐含在特定过程中，导致了社会空间的重构（Brenner，1998；Jessop，1998）。

传统的"场所空间"逐渐被"流动空间"所取代，封闭的城市功能关系逐步消解，多向、网络化联系加强。而在此过程中，全球化的国际劳动分工使得城市体系从以"行业类型"为特征的空间结构演化为以"价值区段"为特征的世界城市体系。流通空间在当代社会的作用力越来越强，超越城市场所空间成为城市发展的主要动力，区域、城市经济流或跨国商品链随着网络社会的崛起呈现再层级化的过程，一些区域和城市成为网络社会的新的节点，而另外一些城市在被网络社会所边缘化。

2.2.3　全球城市区域

在全球化高度发达的前提下，斯科特（Scott，2001）用网络结构来理解全球城市区域的空间逻辑。全球化强调功能性分工的作用，城市与城市之间主要通过功能网络来相互作用，城市与周边地区的功能网络也越来越重要，这带来了全球范围全新的地域空间的重塑，斯科特称为全球城市区域（Global City Region）。全球城市区域不是传统城市空间范围的扩大，也不同于仅有行政相邻或地域相连的城市连绵区，而是在全球化一体化的背景下，以功能联系为纽带，由全球城市及其腹地内具有经济联系的二级城市扩展联合而成的一种功能紧密关联、地理相邻的独特地域空间现象。全球城市区域、或者以某个中心为核心的"都市圈"、或者以多个中心城市为核心，连绵发展的"大都市带"、"城市密集区"（Desakota）及"大都市连绵区"（MIR）在全球经济网络中被赋予独特的战略地位，也是一个国家参与国际竞争的重要实体空间。

彼得霍尔（Peter Hall，1999）在20世纪90年代提出了巨型城市区域的概念（the Mega-city Region）。2004年，彼得·霍尔与考蒂·佩因在弗里德曼世界城市体系、萨森的全球城市、泰勒的世界城市网络、卡斯特尔的"流动空间"等理论的基础上，以欧洲8个城市区域为研究对象，提出21世纪出现的新新城市形式——多中心网络（POLYNET）的巨型城市区域，它以一个或多个较大的中心城市为核心，由形态上分离但功能上相互联系的城镇，通过新的劳动分工联结而成。首次解释了地区在地理空间上的通勤联系、通信联系等。

彼得霍尔对这种更加复杂的区域地理形式的形成机制进行了解释，认为是两种看似别扭的力量的重新结合。一是网络化的力量，受到全球化和价值链分工影响，建立在"流动空间"基础上，流动性扩大，联系性加强；二是层级化的力量，遵循"中心地理论"，低等级的服务功能趋于分散，许多功能由更高级别的城市提供，城镇层级将减少，许多功能在城市等级体系中重新集聚。

多中心网络、巨型城市区域的概念往往被认为与空间协调、均衡发展、社会公平相关联，在城市与区域规划领域产生了较大影响，成为一种重要的空间组织模式。莫雷诺（Moreno）在联合国的报告中提出全球巨型城市区域对全球财富的影响和经济发展具有重要的意义，在全球的40个巨型城市区域中，以不到18%的面积，创造了66%的经济活动和85%的科技创新，其基本格局符合"二八定律"。在欧洲，多中心相对平衡发展是重要的规划价值观，也是欧洲各层级空间规划的重要的理论工具。在北美，多中心的巨型城市区域被列入《美国 2050》远景规划的重大议题，提出要借鉴东亚成功的经验，建设 11 个人口经济密集发展的巨型城市区域。

2.2.4　新区域主义理论

20 世纪 80 年代后期，区域化对城市和经济发展的作用成为欧美学术界讨论的热点，从而促进了新区域主义理论的产生。新区域主义是相对于区域主义（regionalism）提出的。将区域作为经济分析的单元，认为区域是在全球化时代最适合政治经济社会交互作用的地域范围。继凯恩斯主义与自由主义之后，新区域主义探索了发展的"第三条道路"。

新区域主义主要吸收了经济学中以马歇尔为代表的比较优势理论，强调在区域内各城市要形成不同方面的横向与纵向的专业化分工与相互协作，协作涉及经济、政治、社会文化、教育等多个方面。在区域规划中强调区域整体利益为重要出发点，强调区域在社会、经济、环境方面形成共同的政策以及一体化发展是新区域主义的主流规划思想。强调区域全面、协调、可持续发展成为西方区域规划的主流思想，区域发展的理论与政策导向核心是提高区域整体的可持续发展与竞争力。西方政府向服务型角色转变，相应地治理权限下移，城市联盟逐步形成，促使城市群的发展和新区域主义的兴起。

新区域主义突出模糊行政边界，强调多中心发展模式，边界不是固定的，可以随着经济、社会、环境、制度等的变化而变化。在区域网络结构与多中心格局中，个人与机构公平竞争与合作，这是保持区域竞争力的重要方面。突破了既有的经济范畴，更加注重区域化的实践并不断丰富区域主义理论。新区域主义提出新产业空间的概念，基于结合资本主义的管制调解、劳动分工与交易成本等学说的观点，将产业的组织与空间上的聚集产生联结。

2.3 全球本土化相关理论

"本土化"又称本地化、在地化、地方化、地域化等，是强调某一事物的发展是基于本地的要素和特质要求的发展而发展的过程，是将本地各种多样化的要素转化为某种特定场景和要求的过程。"全球本土化"的概念由美国社会学家罗兰·罗伯森（Roland Robertson，2012）提出，其英文由 globalization 和 localization 两个单词组合而成 Glocalization，是指一切希望并能够秉承全球化的思想，本土化的操作而推进的主体和客体。全球本土化在经济、文化和空间领域有着各自的关注重点和诉求。

2.3.1 经济领域：全球本土化

经济领域中关注资本的运行。资源本土化的最佳效果是既能适应本地要求，又尽可能地保持资源原有的特定情境含义。本土化的主张者们认为，全球化的影响和作用在学界和政界被不断的扩大，尤其是资本的全球化成为势不可挡的力量，将各种多元化的文明和多样性的事物被消灭或同化，资本将标准化生产作为重要的力量全球推广，方式不合乎全球化和标准化的商品正在被不断挤压，甚至逐渐被消灭。

日本经济学家在研究了 Glocalization 后认为，全球本土化就是把本土化和全球化相结合，结合得好也能取得显著的成功，麦当劳、肯德基就是把全球化和本土化相结合并取得成功的经典案例。麦当劳本来是美国本土的产品，逐渐在全世界推广，在标准化的基础上也要结合地方的口味、或者把地方的某种产品麦当劳化，麦当劳在全球不同的地方其菜单也是不一样的。全球本土化的主张者呼吁在全球化的大潮下，要强调地方的自我觉醒，充分挖掘地方文化与多样性并积极投入，通过本地文化、本地消费、本地生活、本地环境的彰显来抵制全球化、标准化的不良影响，以保障"本土"或"在地"（locality）的认同和特色的存续。

不要把全球本土化仅仅认为是一种商品的营销策略，全球本土化更多是对日益全球化的一种反思、一种觉醒、一种新的理论思潮。罗伯森（1992）认为，"全球本土化"研究了本土的资源条件和要素与全球化之间的相互作用和相互反馈机制。在 1997 年"全球化和本土化文化"会议上，罗伯森也提出了类似的观点，全球化在当前语境下意味着普遍化、本土化意味着特殊化，全球本土化意味着两者的相互作用、相互融合、相互反馈。

2.3.2　文化领域：地方化与本土化

在文化领域，全球化引起了对"本地化"（Indigenization）、地方化、地域化的关注。所谓地方化，强调地方文化与西方文化的融合，把地方文化嵌入到主流的西方文化当中去。它有两个行为主体，一是西方文化本身作为主体，把西方文化主动与地方文化相结合，但本质是西方文化，比如麦当劳与不同地方口味的结合就是典型的例子。二是非西方文化，在非西方文化中加入全球化的要素，主动以地方文化融入西方文化，并能对西方文化有适当的修改。

"地方"从空间上来理解是一个地理范畴的概念，但地方也是一种文化范畴的概念。"地域"不仅仅包含自然地理的意义，还包含政治、经济、文化等方面的意义（鲍时东，2010），对于地方（地域）而言，王祥（2004）的观点认为："自然地理或自然经济之类可能是其最外在最表层的东西，再深一层如风俗习惯、礼仪制度等，而处于核心的、深层（内在）的则是心理、价值观念"因此地方的概念是一种广义的，内置于不同空间尺度的范畴，小的尺度可以指一个村庄，一个乡镇，大一点的地方概念可以是一个县、一个市的范畴，更大的范畴可以是一个族群或一个文化共同的跨越省界、国家的空间范围。

2.3.3　空间领域：地域主义、新地域主义与再地域化

在空间领域，18 世纪英国的风景园林兴起的基于英国特色的造园运动是地域主义思想的某种开始。这一时期的地域主义也受到哲学上浪漫主义的影响，在学

术界也成为浪漫地域主义，更多地在绘画、园林等文化上的表现较多，也是政治上摆脱贵族的统治在哲学与文化上的一种表现思潮。浪漫地域主义类似于文艺复兴，是对过去的、记忆的建筑的一种回归，是对地方的、民族的传统的一种新体验，这种基于历史的、民族的体验是浪漫地域主义的主要表现，这种浪漫地域主义的建筑形态隔一段时间就会重现，在现代建筑中仍然可以看到。

新地域主义是对全球化、建筑领域的国际化与标准化的一种反思，是对现代主义的一种拨乱反正，也是后现代主义的一个组成部分，是建筑领域的重要思潮。新地域主义目标标准基于地方的、多样性的文化特征，把列菲弗尔关注的日常生活纳入地域主义的视野，提炼地域文化中本质的事物，并把它与现代性结合起来，用新的技术、新的理念阐述地方的文化，焕发新的活力，基于地域主义的建筑也能与当代社会维持紧密的关系，加强地域建筑的可持续性。

新地域主义特别重视基于本地区、本民族的风格，并把这种地域风格用现代语言表达出来，既强调国际眼光、也体现地域特色。在建筑领域的新地域主义主要从本地场地与气候中吸收营养，注重现场有灵魂的感觉，挖掘传统习俗、日常生活和文脉中有价值的元素，并能基于这些元素总结出建筑设计的原则和策略，让建筑根植于本地的场所，强调回归自然，回归地方，促进文化的可持续发展。

从更大的地理空间范畴而言，大卫哈维和列菲弗尔一直强调资本实际上不断进行着"去地域化"与"再地域化"的力量交织。去地域化更多体现在资本的扩张与空间再生产；再地域化基于地方组织的重构与重组，是被忽视的全球化的一部分。再地域化并不是排斥全球化与资本，而是通过地域化价值的再挖掘，并与资本的结合形成具有魅力的发展区。日本重视城市之外的乡村地区的再地域化发展，其城市群的集中发展与非城镇密集地区的魅力发展被世界银行在重塑世界经济地理中称为"并行不悖和谐发展的模式"。日本关于乡村地区魅力发展引起学界的关注，传统认知中乡村总是和落后、低价值联系在一起，日本通过乡村营建，挖掘乡村在产业、文化、景观生态等方面独特且多元的价值（王国恩，2016），把乡村建设得比城市拥有更大的竞争力。

2.4　小结：经济地理空间重塑机制

　　基于上述理论脉络梳理，新经济地理学理论重在归纳经济地理空间重塑的趋势与规律；基于全球城市的区域发展相关理论，正视等级化与网络化这两种看似矛盾却共同发生的力量，及其共同作用下对促进功能性地理空间重塑的作用。基于全球本土化的相关理论，关注的是边缘地区存在并依托属地化的资源优势提升价值，并促使区域发展走向再平衡。

　　由此推论，当前的经济地理重组主要是三种力量在发挥作用：一是全球化所导致的城镇等级化（或层级化）力量；二是在新区域主义和价值链分工所形成的网络化力量；三是全球本土化所形成的地域化力量。这三种力量构建了当前经济地理重组的新的动力，通过这三种动力也可来观察当前的城市和区域发展。

　　中国城市在知识 - 文化经济时代的经济地理重组也呈现了一些新的趋势，包括上海新一轮城市总体规划以"卓越的全球城市"为城市定位，全国范围内大量创新城市的涌现，以及由此引起的关于全球城市理论与实践的探索，对城市群以及区域协同发展的认识和探讨，在区域层面"魅力景观区"概念的提出和在城市层面创意经济的兴起等。

　　这三种力量相互矛盾、相互排斥，但正是这三种主要力量的相互作用构成了当前经济地理重塑的新动力。本文通过对这三种力量的进一步研究，试图解释和阐述当前中国的一些新的经济地理现象。三种力量在国家、区域和城市层面也有着不同的表现。同时借鉴相关学者的研究，构建三种力量的评价维度，这也是本文想要说明和阐述的核心问题。

　　聚焦等级化、网络化与地域化三种力量，从经济、人口、空间三个维度，构建在经济全球化影响下，当前中国经济地理空间重塑的机制解释框架（图 2.1）。下文将以此框架为基础，从全国、长三角城市群两个层面对经济地理空间重塑的现象与作用机制进行实证研究。

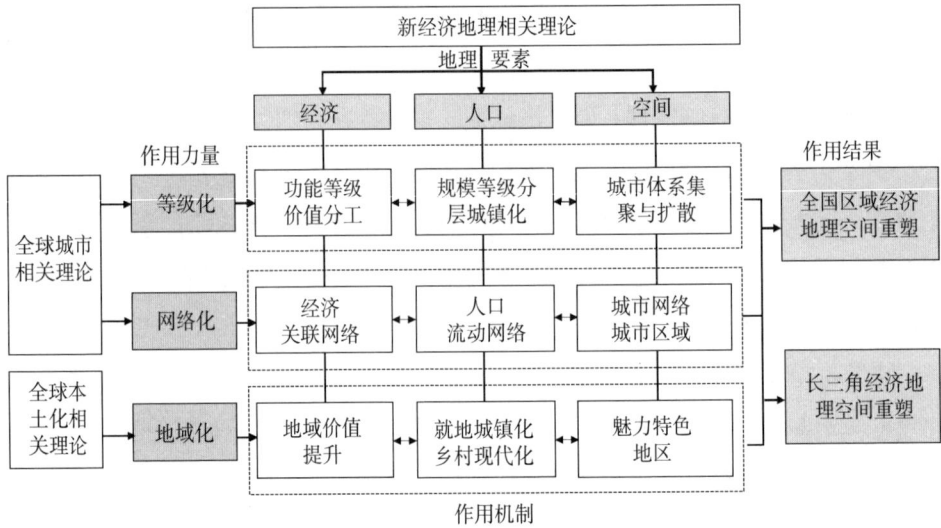

图 2.1　经济地理空间重塑机制框架

第3章

国外经济地理空间的演变历程与特征

我们通常以国家为单位来衡量地区的经济发展，但是在过去100年的发展历程中，城市发展的规律逐渐从单个城市发展成为大都市区（或大都市圈）；大都市圈日益扩大并与周边的城市一体化与网络化发展，并逐渐形成城市群；城市群与城市群的连片发展逐步形成巨型都市区（顾朝林，2009）。在美国和东亚的一些沿海地区，巨型城市区域逐步成为一种新兴的空间形态和经济单元。巨型城市区域一般都以一些中心城市为核心、与中心城市周边的城市和乡村地区共同组成，推动资本、土地和劳动力三要素的集聚，其中资本和劳动力在区域的自由流动，保持更低的成本，寻找更加匹配的空间，形成整体竞争力，巨型城市区域是区域化在城市空间的集中表现形态。

进入21世纪，全球化进一步削弱了国家边界的概念，企业总部可以在全球范围内自由选址以追求其效益的最优化，劳动力也期望可以在全球范围内进行自由流动。因此，相比国家尺度而言，巨型城市区域成为更加重要的经济单元。全球前40位巨型城市区域的经济总量超过1000亿美元，与全球前40位的国家GDP总量相当。与大城市和国家经济发展息息相关相似，巨型城市区域的发展也关乎国家和世界经济发展。（于涛方，2015）

全球最大的两个巨型城市区域——日本的大东京地区和美国的波士华地区，每年的经济产出达到2万亿美元❶；紧随其后的5个巨型城市区域的经济产出之和仅为1万亿美元。从人口的集聚来看，全球前10位的巨型城市区域总人口达到6.6亿，占全球总人口的10.5%；前20位总人口约11亿，占总人口的17%。也就是说，巨型城市区域成为全球经济、科技活动最密集的中心地区。全球前10位的巨型城市区域仅仅承载了6.5%的人口，但却占据了42.8%的经济活动，56.6%的创新活动。这些地区呈现出了人口的高度密集和经济活动的高度集聚。同时，这些地区的人均产出和地均产出也高于那些非城镇密集地区。以美国和欧洲为例，巨型城市区域内的人均经济产出分别比外围地区高出30%和40%。

---

❶　经济数据采用的是LRP数据，LIGHT-BASED REGIONAL PRODUCT.

3.1　美国区域空间格局的演变与区域规划

美国的区域化政策和区域规划发展至今已有上百年的历史。自 1908 年起，美国就开始了国土尺度的区域规划，旨在协调各州之间的发展。其区域规划的历史可以追溯到罗斯福执政时期出台的美国自然资源管理框架。在其后的 1930 年代，美国政府开始国土范围内的"州际公路计划"，通过加密区域交通设施来提高城市之间的交通联络度。在美国，不同发展阶段采取的措施不尽相同，但通过公路等基础设施来连接各州与各个城市是美国区域规划重要的手段与路径。

纵观美国区域规划的发展历程，美国区域规划协会（Regional Planning Association of America）和纽约区域规划协会（Regional Planning Association of New York）发挥了关键作用。纽约区域规划协会不是政府部门的组成部分，是一个非营利性的非政府组织，主要针对纽约大都市区的发展制定相关规划，后来也编制一些美国重点地区和重点领域的规划，纽约区域规划强调跨越行政边界的整合并制定相应的综合发展规划，也强调市场在规划中的地位和作用，鼓励政府、企业与私人机构的合作并实施相应的规划。

3.1.1　大都市区与纽约区域规划：1929～1996

纽约区域规划协会编制了三次纽约区域规划。1929 年编制的《纽约及其周围地区的区域规划（The Regional Plan of New York and Its Environs）》明确指出，通过交通基础设施的建设增强中心城市与外部各个地区的联系，提高中心城区的辐射能力，并强化中心城的集聚效应（武廷海，2000）。

1968 年，纽约大都市区编制第二次区域规划，其规划重点转向解决大都市地区迅速蔓延的问题，提出了建设多中心网络化的空间结构设想。

第三次区域规划自世纪之交前后开始，并逐步跳出传统以实体空间规划为核心的模式，转向关注经济、环境、社会等多范畴的区域议题，同时也开始关注更大尺度的区域范畴。1996年纽约区域规划协会制定的第三版《纽约大都市区规划》中提出，纽约开始出现经济增长缓慢、社会分化、环境污染等问题，这些都在威胁着纽约作为国际金融中心的地位以及国际竞争力。未来的区域发展需要综合考量经济（economy）、环境（environment）与公平（equity）三大核心指标（武廷海2016）。因此，需要关注区域生态环境，确立未来增长的绿色容量；关注区域城市中心的就业及居住增长；关注交通网络、劳动力、社会服务、政府机构管理等诸多方面。

总体来说，早期区域规划认为：城市区域（city region）是功能的基本单元，大都市圈（区）是城市区域的基本空间特征。通过构建大都市圈网络突破行政边界的限制，让各个城市通过合作、成本共担、利益共享等机制，共同获得发展的收益。城市不断发展的基本规律就是从城市逐渐发展成为以中心城市为核心的都市圈，之后若干功能相连、地理临近的、大小不同的都市圈形成城市群，有些城市群的功能影响范围越来越大，逐渐连续成大都市连绵带或巨型地区。

3.1.2 《美国2050》与巨型城市地区

美国规划协会在其网站（www.America2050.org）公布了《美国2050：国家发展战略（America 2050：A Prospectus）》，强调美国的经济发展从未像现在这样面临全球对手的竞争，因此要制定一个这样的非法定规划，来引导投资和建设，为国家竞争力的提高、可持续发展和生活品质的提升奠定基础。《美国2050》强调的五大发展目标包括：①促进繁荣、增长和具有国际竞争力的国家框架；②建立世界级的综合交通系统；③保护自然景观；④为社会所有成员提供经济与社会发展机遇；⑤发展具有全球影响力的巨型城市区域。

《美国2050》规划的关注重点包括四个方面：①通过区域综合竞争力的提升，为居民提供更多的就业机遇；②通过增加交通基础设施投资来增强区域经济发展动力；③关注保护重塑自然生态系统和能源利用的协调；④关注多元方式规划的实施机制，建立非政府组织实施区域管控。

该报告认为，美国20世纪城市发展的一种形态主要是大都市区（metropolitan region），而当前时代正在逐渐形成巨型城市区域（mega region）。这些区域有相互关联的功能体系、一体化的劳动力市场和互联互通基础设施，经济和文化紧密联系。人口、商品和资金在这个范围内流动更加频繁，这些新兴崛起的全球化一体化的巨型城市区域是全球经济领域中新的竞争单元。过去美国的高速公路引导了城市郊区化与大都市区的出现，而巨型城市这种超大尺度的地理单元（大约跨域900公里）的发展需要高速铁路的支撑。

美国区域化进程中的核心特征表现为：①空间演化：城市群尺度的不断扩大，即从关注中心城市到关注都市区，逐渐演化到关注巨型区域或大都市连绵发展带。②空间结构：其组织结构也逐步从单核心结构向扁平化、网络化、多极化结构转变。③关注领域：从仅仅关注空间，到关注经济、环境、社会、文化等多范畴的区域议题。

（1）巨型城市地区的界定

《美国2050》的一个重要议题是界定巨型城市区域，主要考虑以下五个因素：①环境系统和地形；②经济联系；③基础设施系统；④聚落形式和土地利用；⑤共享的文化和历史；其实最符合这5大条件的是1961年地理学家戈特曼界定的美国东北部城市连绵区（史育龙，1996），这也是美国实力最强、辨识度最高的巨型城市地区。

美国巨型城市地区的划定同样采用了量化指标，包括：①人口密度超过150人/平方公里（2000年）；②预计人口增长率超过15%，且2025年预计人口总规模增加超过1000人；③2000～2025年，每平方公里人口预计超过200人；④预计就业率增长超过15%，且2025年每平方公里新增的工作岗位7700个；⑤该县属于某个核心大都市区的一部分。

《美国2050》界定了11个巨型城市区域，分别是东北部巨型城市区域；五大湖巨型城市区域；皮埃蒙特大西洋巨型城市区域；弗洛里达州巨型城市区域；墨西哥湾巨型城市区域；卡斯卡地亚巨型城市区域；北加州巨型城市区域；南加州巨型城市区域；德州三角地带巨型城市区域；亚利桑那州太阳走廊巨型城市区域；前山巨型城市区域（表3.1）。

美国十大巨型城市区域主要指标 表3.1

	大都市连绵区	主要城市	2000年人口（万）	占美国人口比例	2025年人口（万）	2050年人口（万）	2010～2050增长率（%）	2005年GDP（亿美元）	占全美GDP比重（%）
1	东北部巨型城市区域	纽约、波士顿、费城、华盛顿等	5233	17	5840	7080	35.2	29200	20
2	五大湖巨型城市区域	芝加哥、底特律等	5553	18	6068	7126	28.3	20700	17
3	加州南部城市区域	洛杉矶、圣地亚哥等	2436	8	2901	3938	61.7	10360	7
4	皮埃蒙特大西洋巨型城市区域	亚特兰大、伯明翰等	1761	6	2189	3134	78.0	4857	4
5	德州三角地带巨型城市区域	奥斯丁、休士顿等	1973	6	2481	3813	93.3	8175	7
6	弗洛里达州巨型城市区域	迈阿密、奥兰多等	1727	6	2145	3112	80.2	6081	5
7	北加州巨型城市区域	奥克兰等	1404	5	1635	2116	50.7	6225	5
8	墨西哥湾巨型城市区域	休斯敦等	1341	4	1633	2367	76.4	5241	4
9	卡斯卡地亚巨型城市区域	西雅图、波特兰、温哥华	837	3	875	1186	41.8	3374	3
10	亚利桑那州阳光走廊巨型城市区域	凤凰城和图森市	563	2	776	1232	117.9	1910	2
11	前山巨型城市区域	阿尔伯克基	547	2	692	1022	87.0	2292	2
	连绵区总计		23375	77	27235	36126		98415	76

（来源：RPA，America 2050. http：//www.america2050.org. ）

（2）巨型城市区域崛起

巨型城市区域与都市圈是经济地理功能性重构最重要的两个概念，大都市区通常是以一个一定规模的中心城市为核心，外围节点城市到中心城市的通勤比例超过 10% 的地区；巨型城市地区一般是由多个连绵的大都市区组成。

1）大都市区的集聚与巨型城市地区的崛起

美国统计局的数据显示，从美国人口积聚在空间上的演变特征来看，住在都市区的人口总数和比例都呈现出持续增长的态势。居住在都市区范围内的人口比例在 1900 年代仅有 40% 左右，到 1950 年代这一比例提高到 50%，到 1990 年代达到 78%，2000 年左右这一比例已经高达 82%。美国人口和经济格局不断地大都市区化，同时大都市区也逐渐向连绵化和郊区化方向发展。最近一些城市正在开始反思郊区化发展模式，强调重返城市，一些中产阶级也开始回到城市中心来居住与就业，但总体来说美国城市还是普遍郊区化和都市区化的发展趋势。按照美国统计局的统计，在美国 3.2 亿总人口中，约有近 2.55 亿人生活在大都市区的范围内，占美国人总人口的 84%，不仅如此，未来这一比例还将持续增加的趋势（John Landis，2009）（图 3.1）。

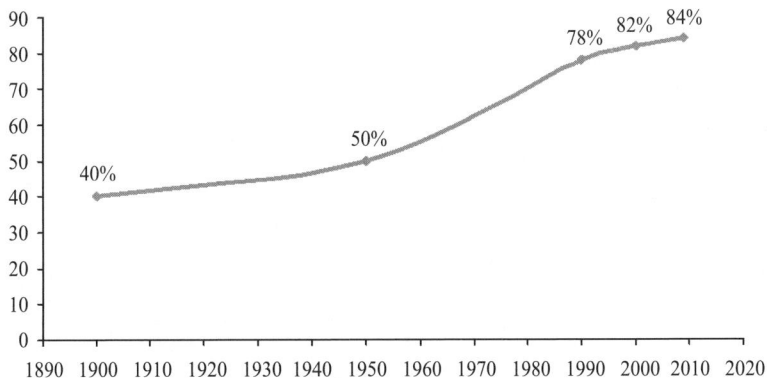

图 3.1　1900～2009 年美国居住在大都市区内的人口比重变化

（来源：John Landis，The Changing Shape of Metropolitan America）

美国的大都市区化也是伴随着大都市区内部的人口郊区化的过程，美国的郊区化开始较早，但真正发展迅猛主要在"二战"以后。大约 2000 年左右，美国郊区的人口总量开始超过中心城区的人口，成为美国社会、经济发展的主体。因而，大都市区的空间也呈现出以低密度的形式迅速向外扩张的态势。数据显示，从 1950 年至 1990 年期间，大都市区的人口密度从 157 人 / 平方公里下降至 127 人 / 平方公里。

《美国 2050》判断，美国经济与人口的流动在大都市区化后，又开始在巨型城市地区呈现进一步集聚的态势。以 2000 年的数据为例，美国的 11 个巨型城市区域土地规模仅占国土面积的 20%，却容纳了 67.4% 的总人口和 70% 的国内生产总值。2003 年，巨型都市区的人口规模和经济规模还有所增长，其中人口增长从占美国总人口的 67.4% 增长到 67.8%。巨型城市地区逐渐形成了美国空间发展的主体形态，这与国内比较强调城市群是国家空间的主体形态略有不一样（图 3.2）。

2）美国巨型城市地区的三种类型

总体而言，美国巨型城市地区可以分为三种类型。第一类是西部地区（不包含北加州和南加州），规模小、增长快，包括亚利桑那阳光走廊 Arizona Sun Corridor、卡斯卡地亚 Cascadia、前山 Front Range 地区，总计 72 个县。相对于其他巨型城市地区，这三个巨型区域规模偏小，目前总人口少于 1000 万人，但是都呈现出人口和就业快速增长的态势，并且其内部联系不断加强。

第二类是人口规模大、增长慢且发育较为成熟的区域。这些地区往往具有极其紧密的内部联系和根植已久的历史与文化关联。主要包括了东北部城市群、五大湖城市群。尽管它们在过去 25 年中人口规模仅增长了 17%，但是这两大城市区域仍然在巨型城市区域中占据了超过 50% 的人口规模，同时占全美总人口的比例也超过三分之一。另一方面，这两大区域也面临着相似的问题和挑战。从 20 世纪中期开始，这些地区伴随着不断郊区化的过程，其中心城区人口随着产业的不断调整而逐渐外迁，五大湖巨型地区的人口和就业增长非常缓慢，不仅是区域中的中心城市，周边的乡村地区也几乎没有太多的增长。但是，从美国的发展趋势来看，无论是现在还是将来，这些地区依旧是国家经济发展和功能集群的重要组成部分。芝加哥、纽约、华盛顿等城市作为区域中的中心城市，承担着世界经济中心、文化中心、政治中心、创新中心的重要职责。

第三类可以看作是前两者的混合，既有较好的经济基础，同时这几年的发展也较快，介于前两类区域的中间状态。这类区域更有可能成为未来国家人口增长的主要落脚点，包括南加州、南佛罗里达、北加州、皮埃蒙特、墨西哥湾岸区和德克萨斯三角地区。

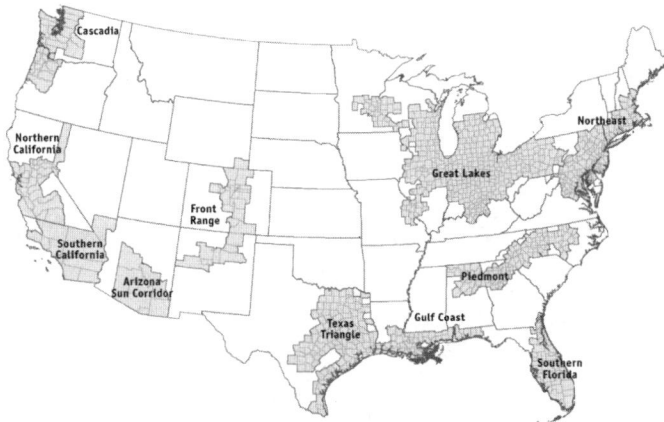

图 3.2　区域规划协会划定的 11 个巨型城市区域

（来源：RPA，America 2050. http://www.america2050.org）

3.1.3　美国东北部巨型城市地区的经济地理格局

（1）功能分工与分层

美国东北地区的波士顿—华盛顿城市连绵带被认为是世界上六大巨型城市区域之一，这个区域早在 1961 年由 Gottman 提出，覆盖面积约 13.8 万平方公里，这个区域是美国人口的高度密集区，其区域总人口从 1961 年的 3200 万增长到如今的 6300 万，占美国总人口的比例达到 20%。其经济总量远比英国、法国全国的经济产出要多，甚至超过印度、加拿大经济总量的一倍。这一地区不仅是美国的经济密集区，也是产业发展的密集区，是世界的金融中心，也是美国最重要的创新中心，同时也是美国制造业的重要集聚地，其制造业产值约占全国总产值的 30%。

巨型城市地区的发展也同样受全球城市的理论影响，纽约在 GaWC 全球城市排名中一直位于前两位，按照萨森（Saskia Sassen，2001）的全球城市理论，基于生产性服务业的总部和分支结构进行排名的全球城市，是在全球范围内对资本的控制能力与资本的服务能力较强的城市，全球城市的功能决定了其对资本的控制能力，而纽约和伦敦则是全球城市最顶尖的两个城市（图 3.3）。

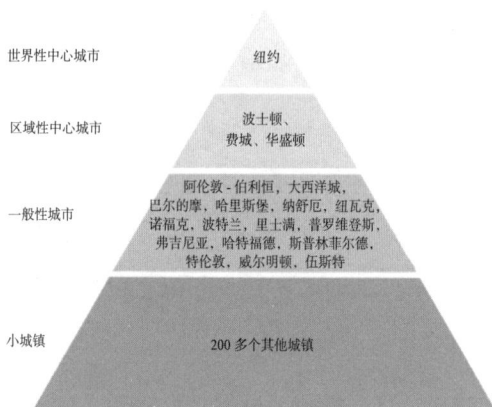

世界性中心城市 —— 纽约

区域性中心城市 —— 波士顿、费城、华盛顿

一般性城市 —— 阿伦敦 - 伯利恒，大西洋城，巴尔的摩，哈里斯堡，纳舒厄，纽瓦克，诺福克，波特兰，里士满，普罗维登斯，弗吉尼亚，哈特福德，斯普林菲尔德，特伦敦，威尔明顿，伍斯特

小城镇 —— 200 多个其他城镇

图 3.3　美国东北部大西洋沿岸城市群等级体系

同时，巨型城市区域内各个城市并非是简单的聚合关系，而是依靠自身产业差异和职能分工紧密地联系在一起，依据各个城市功能的不同而形成不同的功能层级。第一层级，纽约扮演着世界性中心城市的核心作用，也是区域发展的经济中心和重要引擎。第二层级是区域性的中心城市，包括波士顿、费城、华盛顿，它们分别承担着特色化的中心职能，从政治、教育、科技、制造等多个维度对于全球和区域提供重要专业支撑。第三层级是以巴尔的摩、波特兰、弗吉尼亚为代表的一般性城市，这些城市依靠自身的特色资源，承担起区域中旅游、港口等细分职能。在纽约的强中心辐射带动下，各等级城市共同构成了相互错位、职能互补的综合性城镇体系。同时，在纽约大都市圈内的城镇也是发挥各自特色，按照分工理论错位协同发展，因此在纽约大都市圈内产业结构的多元化特征明显，相

互之间的互补性也很强（张晓兰，2010）。

功能有分层也有互补，以港口功能的协调整合为例：美国东北部城市区域内港口众多，但是相互之间错位发展。纽约港强调航运的技术服务与航运金融服务，以及远程的集装箱运输，是核心的枢纽港。费城港则强调近海海域的综合货物运输，是主要的喂给港；而波士顿则是本地型的支线港，以运输地方产品为主，同时有些中小型运输的海港功能。不同港口错位发展，分工协作构成了城市功能整合、协同发展的重要典范。特别是原本相互独立、竞争的纽约港和新泽西港，通过由纽约和新泽西州政府共同成立"纽约新泽西港务局"协调纽约和新泽西两个港区，实现良性协调发展。

（2）空间结构的网络化演化

东北部地区的空间结构演化大致经过了四个阶段：城市孤立分散阶段、区域核心城市发育阶段、城市郊区化及区域城市体系的形成阶段和城市群的成熟阶段。

第一阶段是城市的相对孤立、独立发展的阶段。在1870年前，美国还是比较典型的农村社会，城市化刚刚开始。按照城市化的发展规律，城市化初期其发展速度也相对较慢，农业是主导地位，工业化刚刚开始，是典型的一、二、三产业的格局，但农村剩余劳动力还比较多。同时期，美国开始了其城市化的进程，人口开始向城市集聚，城市经济开始快速增长、城市规模也不断扩大。然而，城市仍然处于孤立分散的发展阶段，城市与城市之间并未建立起产业和人口的联系。

第二阶段是区域核心城市发育阶段。19世纪末到20世纪初期，随城市化进程的不断加快，港口城市在这一时期发展迅速，其中最具代表的是纽约、费城和波士顿。产业发展也逐步从自给自足的内向经济转向具备一定区域集聚能力的外向型经济。产业结构由之前的一、二、三格局变成了工业主导下的二、三、一格局。同时，科技高速进步促进了区域铁路网络的形成。大量人口开始向城市涌入，城市规模急剧扩大。以纽约、费城为代表的核心地区开始向区域拓展，城市内部空间也逐步向多中心演化。

第三阶段是区域城市体系的初步形成阶段。1920年后，美国经济社会开始重要转型，开始进入工业化后期，这个时期二、三产业比重相对较高且处于转换的关键时期，第三产业开始超过二产，服务业成为经济发展的支柱产业，城市也进入服务业带动的发展模式。同时，在城市空间格局上中产阶级出现了大规模的往郊区居住和就业的现象，城市进入郊区化发展模式，同时城市中心和郊区连绵发展，城市的规模也越来越大，进入典型的大都市区发展阶段。

第四阶段是东北部城市群的成熟阶段。20世纪末，核心城市及周边中小型城市所形成的都市圈空间地域范围继续扩大，沿海城市之间的经济联系也愈发紧密。波士顿、纽约、华盛顿三大主要城市之间的航空联系每年就超过600万人次。城市区域开始沿基础设施密布的东北走廊（NEC）和高速公路网络拓展，逐渐形成了东部沿海的带状城市群。

3.1.4　美国落后地区的振兴与区域平衡发展

《美国2050》针对发展相对滞后的地区同样进行了识别，并制定了对应政策以期振兴。筛选采用了四项指标，包括1970～2006年人口数量变化、1970～2006年就业变化、1970～2006年工资变化、2006年的平均工资，四项指标至少有三项位于后面三分之一列的县即被视为落后地区。筛选后得到640个县，超过总数20%，但只占人口的5%。除大湖区内的一些县外，美国的落后地区基本都在巨型城市地区以外的地区（图3.4）。

不同地区的落后原因存在差异性。五大湖地区主要是制造业转型缓慢导致的落后，北美大平原地区主要是农业机械化提升后的衰退，阿巴拉契亚地区主要是由于资源的枯竭以及处于边缘地区等。因此为了实现落后地区的振兴，总体实行先稳定再振兴的总体战略。具体而言，针对农村地区，建立与大城市的经济和交通联系，构建新中心，针对人群和经济活动建立相关服务设施。针对老工业区，建立发展基金，吸引技术人才，促进人口增长，同时注意完善地方的自身条件，包括城市形象、生活质量和城市复兴等。此外强调联邦政府、地方政府以及其他合作伙伴的关系，促进规划和合作的长期有效性。

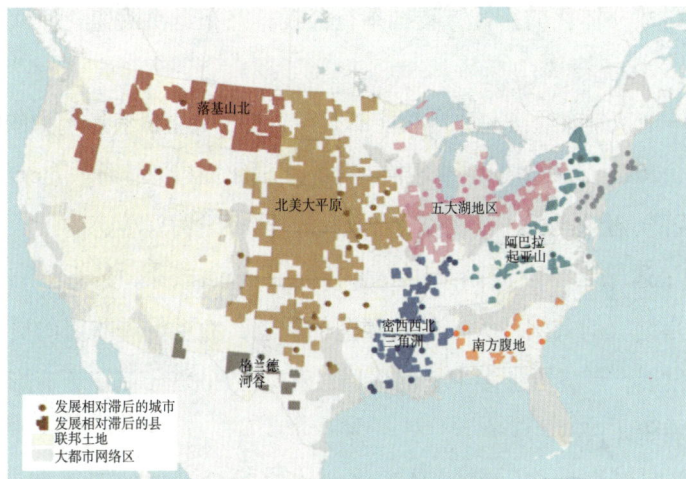

图 3.4　美国发展相对滞后的地区

（来源：RPA，America 2050. http：//www.america2050.org）

3.2　欧洲区域空间格局的演变

3.2.1　《欧洲空间发展展望》（ESDP）

欧洲是较早进行区域整合的地区，欧盟的诞生和发展是区域整合的重要标志。1950年为了整合煤钢工业，法、意、比、荷、卢、德六国联合签署了《关于建立欧洲煤钢共同体的条约》（又称《巴黎条约》），1957年上述六国签署旨在建立欧洲经济共同体和欧洲原子能共同体的条约（又称《罗马条约》）。1965年，又签署《布鲁塞尔条约》，这个条约的核心议题是决定将欧洲煤钢共同体、欧洲经济共同体和欧洲原子能共同体三个机构合并，成立"欧洲共同体"。之后，英国、丹麦、爱尔兰、希腊、葡萄牙和西班牙加入欧共体，成员国达到12个，1993年根据内外发展的需要，欧共体正式易名为欧洲联盟。随后又有16个国家加入欧盟，成员国达到28个，但在2016年，考虑到分摊财政、移民对本国居民福利的影响，以及对欧盟财政一体化的担忧，英国举行公投，宣布退出欧盟，使欧盟一体化进程蒙上了阴影。

欧盟是一个兼具有经济和政治功能的组织，是世界上最有影响力的区域一体化联盟（张越，2017），欧盟的主要职能在 10 个方面：内部市场（internal market）；社会政策；经济、社会与领土的团结；农业和渔业，不含海洋生态的保护；环境保护；消费者保护；运输；泛欧洲网络（trans-European networks）；能源；自由、安全与正义；大众健康的共同政策。依据欧盟的职能，为了促进欧盟的更加可持续与更加平衡的发展，形成更加多中心的格局，欧盟在 2000 年制定了有影响力的《欧洲空间发展展望（ESDP）》。

《欧洲空间发展展望》核心是希望能面对欧盟发展的不平衡问题（李艳，2004）。①强调发展平衡的多中心体系，希望避免人口与经济过多地集中于欧洲的五角形地区，即伯明翰、巴黎、米兰、汉堡和阿姆斯特丹所形成的核心地区，而是希望在整个欧盟建立经济一体化的发展目标，建立多中心、网络化、功能互补的整体空间格局。②加强城乡之间相互联系与互补的关系，加强城市与乡村的合作，实现城乡之间的平衡发展。

欧洲 ESDP 特别强调乡村地区的重要性，这是欧盟多样性的重要体现，乡村地区其典型的特征是人口密度低，农业用地为主，同时不同地区之间也存在较大的差异，因此欧盟的乡村战略是欧洲 ESDP 的重要内容之一，乡村地区强调建设中小城市协调发展的网络，对自然与文化遗产进行保护性开发，大力发展生态旅游与本地化的农业。

当然欧洲 ESDP 也特别强调要继续保持城市化地区的竞争力与活力，既要增强大城市地区和门户城市的战略地位，也需要在城市化地区之外培育更多的"门户"型中心城市，这些中心城市主要服务于人口稀少的地区。强调共享基础设施和信息，特别是完善次级交通网络，提高偏远地区的可达性，促进创新和知识扩散到那些偏远地区，在落后地区建立创新中心也是非常重要的发展策略。

欧盟的多中心结构有两种尺度，一是在欧盟区域尺度，另外一个是在巨型城市区域内部，比如欧盟的五角形地区本身也是一种典型的多中心结构。但霍尔（Peter Hall，2003）在对欧盟 ESDP 的评价检讨中发现欧盟尺度的多中心结构并没有形成，人口和资本还是更多地向巨型城市区域以及国家的首位城市集聚。

3.2.2　欧洲巨型城市地区

（1）欧洲巨型城市地区概念的源起

彼特·霍尔（Peter Hall，2003）对欧盟的 ESDP 进行评价之后指出：ESDP 规划的许多目标并没有实现，应该借鉴东亚和《美国 2050》提出的巨型城市地区概念，研究欧盟的巨型城市地区（MCR，mega-city region）。彼特·霍尔认为巨型地区是一种新的地理形式，是范围更大的功能性的城市区域，这个巨型区域正是通过卡斯特尔（Castells）的"流动空间"连接起来的。

在研究欧盟的区域化的发展过程中，彼特·霍尔发现看似两个相互矛盾的经济地理现象，一是全球城市的崛起，在经济活动中扮演了资本服务和资本控制的作用，伦敦、纽约、东京、巴黎成为塔尖，是全球资源的配置中心，克里斯泰尔的城市等级体系依然在发挥作用，相比而言只是金字塔塔尖的作用更强；二是网络城市的崛起，随着电子信息与互联网的发展，以及高速铁路、机场的建设，出行成本和交流成本迅速降低，原来过于集中于某一特大城市的人口与功能开始疏解和分散化，流动空间发挥着越来越重要的作用。全球城市与网络城市形成一种"集中的分散化"的趋势，集中的分散化就形成了"巨型城市地区"。欧洲空间规划一直强调多中心格局，即均衡与分散化的发展模式，但随着亚洲与美国巨型城市地区的出现，彼特霍尔认为欧盟应该检讨当前的均衡与多中心目标，应在此基础上规划欧盟的"巨型城市地区"。

（2）欧洲的 8 大巨型城市地区

欧洲的巨型城市地区没有欧盟层面的规划，以 Peter Hall 领衔的 GaWC 小组对于欧洲主要的城市群进行了量化研究，来判断欧洲巨型城市地区的人口密度、就业密度、功能联系等主要特征。不是基于行政边界和地理临近而是基于功能联系来划分巨型城市区域是这项研究的基本出发点。巨型城市地区（MCR，mega-city region）是由若干功能性城市区域（FUR，functional urban region）组成的，与功能性的城市区域类似的概念有都市圈或都市区，功能性城市地区的定义有两个条件，一是有一定就业规模的核心城市，二是周边城市有超过10%的通勤到核心城市。相互联系、地理临近的功能性城市区域构成了巨型城市地区。按照彼特霍尔的研究，目前欧盟大概有8个巨型城市地区，包括英格兰东南部、兰斯塔德、比利时中部地区、莱茵鲁尔、大都柏林等（于涛方，2008）（表3.2）。

欧盟 8 大巨型城市地区　　　　　　　　　　　　　　　　表 3.2

巨型城市地区 MCR	面积 （km²）	人口 （2000/2001）	人口变化（%） （1990/1991 ～ 2000/2001）	就业 （2000/2001）	就业变化（%） （1990/1991 ～ 2000/2001）	FURs 数
英格兰东南部	29184	18984298	+13.5	9040000	+32.9	51
兰斯塔德	8757	8575712	+7.1	4031900	+29.0	25
比利时中部	16000	7800000	+2.6	3320000	+10.0	8
莱茵鲁尔	11536	11700000	+1.1	5400000	+3.4	47
莱茵美因	8211	4200000	+5.7	1695000	+1.7	6
瑞士北部	13700	3500000	+7.6	2200000	+6.7	8
巴黎区域	43019	15691730	+2.9	7660880	+3.2	30
大都柏林	7814	1637267	+9.3	798515	+62.9	1

（来源：Peter Hall and Kathy Pain. The polycentric metropolis）

（3）巨型城市地区的网络化结构

在欧洲的全球城市网络中，伦敦、巴黎具有典型的全球城市特征，这些城市具有全球资源配置中心的能力，集聚了大量的公司总部和生产性服务业机构，包括金融、律师、会计、中介等，具有明显的复合的多经济部门聚集的特征，同时这些机构与全世界的其他城市有很强的网络关联度。其次，这些城市的功能向外扩展，比如金融后台、新兴的科技研发等，形成全球城市外围的增长节点，这些节点和全球城市一起构成了全球城市区域。

以英格兰东南部城镇群为例，该地区总面积约 4.5 万平方公里，总人口达到 3650 万，占英国总人口的 60%。这个区域是英国最主要的经济活动区和财富产出区。伦敦周边城市这种新的经济部门逐步形成了新的产业集群，进而转化为次级的城市或城镇。因此，多经济门类的产业集群是伦敦周边城镇的重要特征，也被看作是专业服务的重要支撑，在全球城市网络中起到越来越重要的作用。伦敦的综合性是通过布局在伦敦周边的次级城市的多部门的集群来实现的。同时在伦敦周边包括位于西边的 Reading、位于北边的 Cambridge、位于南边的 Southampton 最近的增长很快，并且显示出与伦敦的强关联度。

而在莱茵鲁尔地区则出现截然相反的情况，莱茵鲁尔地区和兰斯塔德地区呈现出多中心扁平化的网络结构，周边大量城市提供的服务并不是和中心城市高度相关，服务部门更加趋向于专业化。换言之，在莱因鲁尔这类传统的多中心城市群区域，各个专业门类的集聚效应是单个城市达到最大化，不同的专业化集群在不同的城市分布着，比如，杜塞尔多夫的广告业、科隆的保险业、多特蒙德和杜伊斯堡的物流业。

（4）区域空间的演变

同美国早期一样，欧洲区域化的第一阶段也是以核心城市为中心的内向型区域化的过程。欧洲地区的发展受到独立政权的分割，多呈现出以国家为中心的区域化形式，各国更加关注本国内部的区域化发展战略。如荷兰的"分散化的集中型"城市发展模式，莫斯科大都市区规划等。各国更多的关注以大都市区为基本单元的区域战略规划，聚焦在大都市区内部中心体系布局、产业配置、基础设施建设、环境治理等方面。

到 20 世纪 80 年代，欧洲的区域化发展进入了一体化的阶段。在这一时期，欧洲颁布了《欧洲空间规划章程》（赵星烁，2018），提出了欧洲跨领域空间规划的综合方法，旨在实现欧洲整体区域的平衡发展。在 1989 年，法国地理学家布鲁南打破了国家行政界限，提出了著名的"蓝色香蕉"发展策略（Brunet，1989）。试图将伯明翰、伦敦、布鲁塞尔、阿姆斯特丹、法兰克福、巴塞尔、苏伊士和米兰串联在一起，形成贯穿欧洲大陆的"蓝色香蕉"发展带，促进欧洲的一体化和相互协同发展。其后，以沃特豪特为代表的一些学者，又提出欧洲南部边缘地带的发展设想。1993年欧盟开始施行跨地区合作发展计划，鼓励国家和地区的跨区域协作。这一合作发展计划有效地解决了边境地区发展相对滞后的问题，改变了欧洲区域化的发展格局。尤其在荷、比、卢之间，以及德法之间的合作卓有成效。2000年前后，欧洲开始了大规模的区域大型基础设施建设，构建泛欧洲交通网络（Trans-European Networks，TENs），形成覆盖欧洲区域综合交通网络。

在新世纪,欧洲的区域化进程也极大地受到全球化、信息化的影响。以彼特.霍尔为代表的专家认为欧洲的区域化正在向去中心化、网络化和多极化转变，形成更加扁平化的网络结构。与美国的区域化不同，欧洲的区域化更加侧重于各个尺度上的均衡发展，也更加重视边缘区的平衡发展。欧洲巨型城市地区中具有代表性的主要包括英格兰东南部城镇群（South East England，图3.5）、兰斯塔德地区（The Randstad）和大巴黎区（Paris Region）等。

图3.5 英国东南部城市区域

3.3　日本区域空间格局的演变

3.3.1　日本的六次全国综合国土规划

日本一直是比较重视区域规划的国家，最著名的是日本分别进行了六次全国综合国土规划。"一全综"是《国土综合开发法》的第一次实践，建立了一些新的工业基地，以四大工业地带为中心的太平洋带状工业地带开始形成。"二全综"核心思想还是期望在全日本形成综合开发、平衡的发展格局，规划通过交通网络，特别是连接日本列岛的新干线带动整体的开发态势，这种以交通为先导带动整体开发的模式对日本的经济社会发展起到了积极带动作用，但是沿岸的大规模的工业开发由于各种原因并没有完全形成（翟国方，2009）。"三全综"规划提出以"为居民创建健康而文明的生活环境和国土均衡发展"为指导思想，提出"定住圈"的概念。"四全综"规划对三大都市圈作出了各有侧重的功能安排（日本国土厅，1989）。东京圈注重疏解，改变向东京圈的单极集中状况。大阪圈（近畿圈）要建设成面向 21 世纪，具有独创性的产业和文化的中枢圈，名古屋圈（中京圈）将作为产业技术的中枢圈。地方圈强调要积极地开展地区振兴活动，促进人口的稳定（或称为定住），这对形成良好、安定的人口与国土的关系具有重要作用。"五全综"规划将日本分为四个国家轴带区域，它趋向均衡的国土发展，把单极、单轴国土转变为多极多轴国土，给人们以多样生活方式的自由。

"六全综"在反思五次规划的基础上，为了应对人口减少和老龄化的问题，以及日本在东亚地区经济地位的下降风险，提出必须从欧洲战略回到东亚经济圈（蔡玉梅，2008）;同时认为日本国民的价值观也开始呈现明显的变化，追求美好生活，寻求安全稳定的环境变得越来越重要，通过鼓励"双城居住"来为人口老龄化的地区增加活力。

日本"六全综"的核心思想是要继续改变目前日本"一极一轴"的格局（即以东京为发展核心，以沿太平洋为产业发展轴），过去的规划在改变一极一轴中发挥了一定的作用，包括东京圈的迁出人数超过了迁入人数，一些工厂和教育设施也向东京以外的地方进行了疏解。

"六全综"规划则强调要形成独立发展的广域地区，独立的板块要有自己独特异质化的定位，以及能与东亚直接联系，保持国土结构的多样性，以"美丽且宜居"作为主要的发展目标。在东亚范围内形成"东亚一日圈"，建设可持续发展的城市圈等。全国规划了8个广域区域：东北圈、首都圈（与东京都为核心）、北陆圈、中部圈、近几圈（包括京都府、大阪府等）、中国圈、四国圈、九州圈（表3.3）。每个广域圈强调：①一定程度的城市集聚、产业集聚、学术与文化集聚；②在产业、经济、人才等方面具有一定程度的多样性和一定的规模；③有相应的国际机场和国际海港。④经济、文化、自然条件具有紧密的联系与共同性。

日本八大广域地方规划区域　　　　　　　　　　　　　　　表3.3

	人口（万人）	经济（兆日元）	主要城市及规模
东北圈	1210	42	人口30万人以上的城市有6个城市
首都圈	4240	194	东京承担行政中枢、国际交流等功能，形成以东京为核心的一体化区域
北陆圈	310	13	多个人口30万人以上的城市
中部圈	1720	75	以名古屋为中心，以及多个人口30万人以上的城市
近畿圈	2090	81	在经济社会活动中可看到以大阪为中心的紧密联系，形成一个仅次于首都圈的整体
中京圈	770	30	人口30万以上城市4个
四国圈	410	14	多个人口30万以上的城市
九州圈	1340	45	以福冈为中心，以及8个30万以上城市

（来源：日本六全综规划❷）

---

❷ 人口基于总务省「2005年国情调查」（2005年10月1日至今）的数据，并未反映其后市町村合并后的情况。关于域内生产总值则参考内阁府「2005年度县民经济计算」的数据。

3.3.2　空间拓展历程：沿"新干线"轴向发展

（1）在明治维新之前的封建时期，日本在国家层面对商业和城市的管理有着绝对的主导权。与中国相类似，日本的大部分城市也是兼具有政治、经济、文化中心等多种职能，并依托这些职能逐渐发展壮大，逐渐更多了积聚了商品经济的重要职能。这一时期，是日本城市的形成期，各个城市开始了自身的集聚进程。

（2）从明治政府到第二次世界大战期间。在"二战"以前，日本工业化加速发展，因此工业发展所需要的劳动力也大幅增加，这个时期农村的剩余劳动力开始加速流向城市，这一时期日本人口的三分之一都从乡村进入城市，这是日本城市化的加速发展时期。这一阶段东京地区主要工业为以食品工业和纺织工业为代表的轻工业，属于劳动密集型的工业地区，城市规模加速扩张。名古屋、大阪也同东京呈现出相似的发展路径，形成了东京附近的关东平原、名古屋附近的浓尾平原和大阪附近的畿内平原，以及三大工业密集区。

（3）"二战"以后日本实现快速的工业化和城市化，城市群的基本形态也逐步显现出来。在日本，超过 100 万的大都市圈包括了"东京都市圈""名古屋大都市圈""京阪神大都市圈"等 7 个，东京大都市圈、名古屋大都市圈、京阪神大都市圈这三个著名的大都市圈共同构成了日本太平洋沿岸城市群。1960 年代，日本建立新干线之后，三大都市圈基本上是沿着太平洋沿海扩张集聚，包括人口、资本等各种经济要素，整个区域建立联系密切的功能性网络，空间一体化发展。

在日本城市群发展的过程中，政府大力提倡的出口导向型战略，这样外向型经济促进了产业的沿海化布局，同时也促进了大都市化。"外向化、沿海化、大都市化"三化的共同作用，促进了人口、经济、产业在东京的高度集中，形成了"东京大都市圈"的绝对主导地位，同时日本太平洋沿岸城市群也得到大力发展，在东京至大阪沿海城市带上集中了日本主要的大城市，并形成连绵发展带。日本太平洋沿岸城市群空间结构演化同样历经了中心城市孤立发展阶段、中心城市郊区化扩张阶段、多城市相互整合的三大阶段。

（4）日本在实现沿海地区的经济集聚与快速发展的同时，还关注了国土全域的均衡性。在日本六全综中特别强调挖掘地方的传统文化，彰显文化遗产，为下一代保留美丽的自然与文化遗产，并能促进这些产业的国际化，能够直接参与国际竞争，并形成有国际竞争力的国家魅力观光区，推动整个日本国土的平衡发展。通过魅力地区的营造，促进城市群以外地区的振兴与人流集聚。规划中提出建设30个魅力观光区（图3.6）。

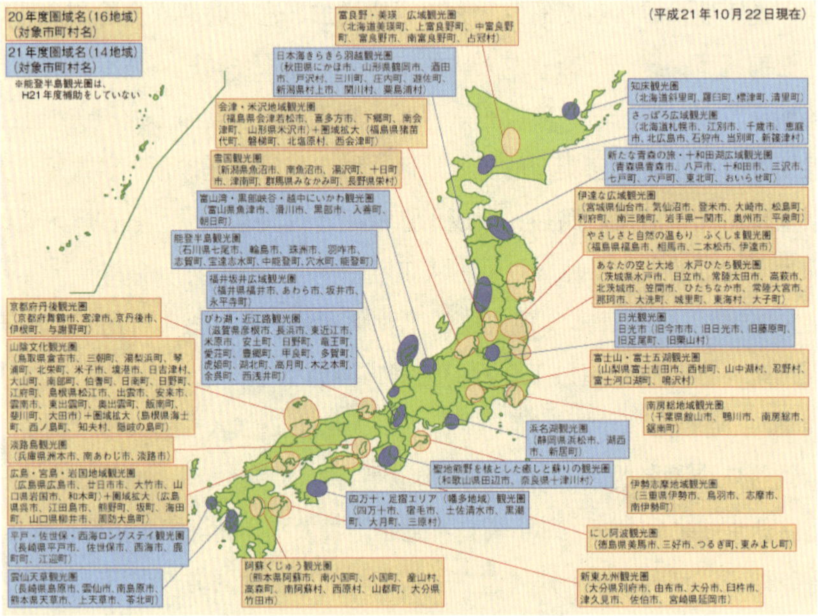

图 3.6　日本 30 个魅力观光区分布示意图

（资料来源：日本六全综规划）

3.3.3　日本太平洋沿岸城市群的区域经济空间与城市分工体系

日本的大东京城市群也称日本太平洋沿岸城市群，涵盖了从东京、大阪、名古屋到北九州的沿着太平洋集聚的带状地域，这个大都市带总面积约 10 万平方公里，相当于中国的江苏省域面积（10.72 万平方公里），人口比江苏省的人口（约 8000 万）略少 1000 万，接近 7000 万，这一人口规模占日本总人口的比例约为 61%，是日本经济最发达、人口最集中的广域地带。区域内的东京大都市圈无疑是这一大城市连绵带的核心，此外，名古屋都市圈和大阪都市圈为这一地区的次级中心的城市群空间结构。从地理空间尺度上来看，比东京大都市圈（一都三县）范围稍大一点的日本首都圈（一都七县）的范围集中在城市中心周边 100 ~ 150km 半径的区域内。京阪神近畿圈、名古屋中京圈的辐射范围大约在 50km 半径的范畴。总体上形成了东西 500km 长的沿海城镇群。以东京为核心来看，其城市群的辐射半径达到 500km（图 3.7）。

图 3.7　日本太平洋沿岸城市区域

大东京城市群的城市等级基本上呈现出"金字塔结构"。东京是这一城市群的核心、是重要的全球城市，承担着金融、文化中心的作用。第二层级是区域型中心城市，主要包括名古屋和大阪。名古屋则是汽车业和运输机械业的重要基地；大阪则是石油化工产业的重要基地。第三层级是中等城市，包括一些具有产业竞争力的地区。横滨和川崎在电子电器业具有较大优势，东海市则以钢铁冶金业为代表（图3.8）。

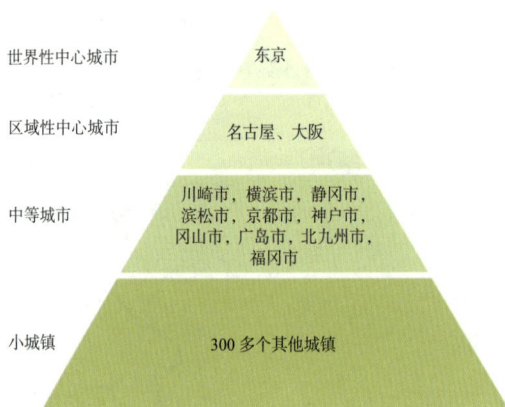

世界性中心城市　东京

区域性中心城市　名古屋、大阪

中等城市　川崎市，横滨市，静冈市，
滨松市，京都市，神户市，
冈山市，广岛市，北九州市，
福冈市

小城镇　300多个其他城镇

图 3.8　日本太平洋沿岸城市群等级体系

从垂直分工上看，东京作为核心城市和日本的首都，其城市职能是综合性的，是一座集合了金融功能、政治功能甚至现代工业功能的综合型世界大城市（尾岛俊雄，1989）。作为金融中心，东京集聚了全日本三分之一左右的银行总部，以及大量的大公司总部，是典型的总部经济集聚地。此外，大量国外的总部在东京设立分支机构。东京作为全国最大的制造业中心，其制造业销售额占全国的1/4，超过大阪圈和名古屋圈。作为全国最大的商业中心，商品销售额和批发销售额均占全国首位。东京是日本的政治、文化与经济中心，承担着首都功能。东京也是日本著名大学的集中承载地，有东京大学、早稻田等几十所著名高等学府，在全国教育文化中具有独一无二的地位。作为全国最大的交通枢纽，东京湾的港口群也是一个综合的、功能互补的大型港口群，在东京有两个大型机场，成田国际机场和羽田国际机场，是重要的交通枢纽，因此东京也是全国最重要的交通中心。

在东京内部，高等级的国际职能通过城市自身的多中心体系进行相对专业化的分散。在区部23区范围内，形成"一核七心"的空间结构，以东京站附近为核心，在铁路山手线上以及其外围建立上野、池袋、新宿、涉谷、大崎、锦户町和临海7个副中心。每个副中心既承担为一定区域服务的综合职能，也承担全球城市的某种特定功能，每个副中心都有自己的特色职能（马海涛，2014）。

以名古屋为中心的都市圈其范围比东京大都市圈小，主要包括爱知县、岐阜县和三重县，人口也超过了1000万人，人口只有东京大都市圈人口的三分之一，但也是日本的工业重镇，其工业产值占全日本工业的15%左右。名古屋主要为日本的中部地区服务。以名古屋为核心的中京工业区是以汽车工业和运输机械业见长，产业发展重点则更加偏向于制造业及为制造业服务的设计、研发等。此外，日本的重化工业主要集中在濑户内海沿岸，形成广岛、福山等一系列专业化的重化城市，其中广岛的人口规模超过100万，是产业城市，也是一个著名的旅游城市（尹德森，1999）。

在日本的西部地区形成了以大阪为中心的都市圈。其人口规模接近2000万人，包括3个百万人口的大城市，其中大阪248万人、神户148万人、京都139万人。是西日本的经济中枢，面积占全国的7.2%，人口占16%，工业产值占18%。都市圈大阪作为西日本的经济中心，是日本第二大经济中心，工业总产值约占全国的18%；京都是日本著名的古都和旅游城市，也是日本著名的神道圣地，有"西京"之称，其产业以传统手工业和轻纺工业为主。神户是西日本的交通门户，大阪的外港。以大阪和神户为核心构成的阪神工业区是仅次于京滨工业区的日本第二大工业地带，轻重工业都很发达，重化工业产值占总产值的1/3。

如同以纽约为核心的大都市带一样，日本太平洋沿岸大都市带也形成了以东京大都市圈为核心，三大都市圈分工协作，错位互补，协同发展的态势，各个大都市圈发挥各自的功能，但强调整体上最优、效益最大的发展模式，在强化东京的全球城市地位和大都市带国际竞争力的同时，也发挥着带动全国经济发展龙头与引擎作用。

3.4　小结

（1）从国外发达国家的发展经验来看，各国国土空间的发展与演化都经历了从向核心城市的集聚发展，到郊区化和逆城市化主导形成大都市圈，多个大都市圈的连绵一体形成城市群或巨型城市地区的过程。《美国2050》中提出的巨型城市地区以及日本太平洋沿岸城市群、欧洲英格兰东南部城市群、欧洲西北部城市群等区域，都经历了几轮空间的整合与重塑，才形成了具有全球影响力和竞争力的城市（群）空间。但各个城市（群）空间的重塑存在较大的差异，美国是以全球化力量为主导，全球资源要素的流动和集聚在美国国土上形成了11个巨型城市地区，欧洲是以地域性力量推动的城市群地域空间的兴起，尤其是以德国等国家为例，国家产业体系的完善与升级是城镇空间发展的核心动力。

（2）规模等级与职能分工是城市（群）空间演化的普遍规律。全球主要城市群内部的城市结构具有明显的等级性和职能分工，关于两者的学术研究不再赘述。但规模结构是城市群的基本特征，以规模为标准的等级化正成为影响人口、经济、空间等不同要素的重要力量。城市的能级和影响力与城市规模成正相关关系，如纽约、伦敦、巴黎、东京等，规模处于各城市群的顶峰，同时在各城市群乃至全国范围具有支配地位。规模处于中位的城市是城市群核心功能的重要支撑，在产业、居住、服务等方面具有重要的补充性。此外，数量最多的小城市是实现均衡发展的重要支撑。随着全球城市的崛起，功能能级的作用在逐渐替代规模等级，中心城市与相互关联的周边地区正在共同构成全球城市区域。

（3）城市群或巨型城市地区的形成需要网络化的力量。一是从发展规律来看，从单个都市（都市圈）走向城市群和巨型城市地区，需要交通等设施网络的支撑。

二是城区范围内人流、资本、信息等不同要素的流动，同样需要构建一张虚拟化的网络，如企业的总部 - 分支的关联网络等。功能相互联系的网络化发展是城市群或巨型城市地区得以形成的必要条件，同时也将是推动地区走向均衡的重要作用力。

（4）随着全球化影响的加深，为了增强国际竞争力，地域化同样也成为地理空间重塑的力量。《美国 2050》不止强调了巨型城市地区的重要性，还针对落后地区制定了相应的振兴政策。欧盟的乡村地区或落后地区的本土化与多中心化的发展政策。日本则强调从关注发达地区，到全域的均衡，因此专门强调在国土全域范围内推动建设富含个性且具有高度国际竞争力的观光地区，成为推动经济增长的新型空间。

第4章

不平衡：中国区域发展的人口－经济－空间特征

全球化与区域化成为中国当前国家与区域发展的焦点。一方面，中国强调继续加强全球化，强调成为全球化发展新一轮的倡导者，"一带一路"倡议是新一轮全球化的新方式。另一方面，中国进一步加强区域化，尤其形成了以城市群为主要空间载体的区域化发展方式。一般来说，区域化对全球化有显著的促进作用，区域化有助于整体的福利效应增强。从经济学的视角来看，区域化就是要素在一定范围内的自由流动，只要逐渐消除阻碍要素流动的各种障碍，区域之间的整体效应和整体福利显著提高。

在研究中国区域化过程中，考虑到空间塑造的核心在于人口和经济流动所带来的空间变动，本章重点研究基于人口、经济与空间三个关键要素之间相互关联、相互影响的演变特征。

4.1 经济视角的区域不平衡研究

经济地理研究的第一个角度为集聚与不平衡问题。当前中国的区域空间重组在不同尺度上展开，既表现为功能联系更加紧密的区域一体化发展趋势，也表现为区域之间的发展差异越来越大。经济总量和人均 GDP 作为宏观经济指标，可作为区域发展不平衡的重要切入点。

4.1.1 经济总量比较

改革开放以来，中国经济发展的主要策略是出口导向和沿海化的发展策略，这种经济发展的结果是东部地区发展迅速，而中西部地区的发展相对落后。区域问题对一国的经济发展、社会稳定、可持续发展和国际竞争力有很大影响（范恒山，2011）。

按照全国的经济格局，中国经济主要分为东部地区、中部地区、西部地区和东北地区。2016 年四大板块人均 GDP，东部为 4.58 万元，东北为 3.42 万元，中部为 2.41 万元，西部为 2.26 万元。2000 年人均 GDP 分别为 1.15 万元，0.91 万元，0.56 万元和 0.47 万元。如果把东部人均 GDP 设为 1，则 2016 年四个地区的比值为 1∶0.75∶0.52∶0.49（孙久文，2018），而 2000 年的比值为 1∶0.79∶0.48∶0.41。从这个比值可以看出，四个地区的差异没有明显改变，中部、西部与东部地区的差异适当缩小一些，而东北地区的差异显著增大，中国区域经济发展的不平衡经过 16 年的发展没有明显改变。

对各省经济发展水平及发展差异进行评价，可以依据的评价标准包括经济总量和增量两个维度，或者经济发展总量和增速两个指标。通过比较不同省份 2014 年的 GDP 总量和增速水平，将全国按省份可以分为五档（表 4.1）。可以看到，经济发展的第一档地区主要在沿海，经济发展的第二档的地区基本是沿江布置；经济发展比较落后的地区主要是在北方的几个省。增长的第一档地区和第二档地区呈现了沿海沿江的"T"形格局。

各省经济发展存量与增量水平双评价结果　　　　　　　　　　　　　　　　表 4.1

档次	标准	省份
一档	GDP>2.5 万亿元，且年增速 >8%	山东、江苏、浙江、福建、广东、河南
二档	GDP>1.7 万亿元，且年增速 >8%	安徽、湖北、湖南、山西、四川
三档	排除一、二、四、五档之后的其他省份	内蒙古、辽宁、河北、重庆、云南、广西、江西、上海
四档	GDP 为 1 万亿 ~ 1.5 万亿元且年增速 >7%，或 GDP>1.5 万亿元且年增速 <7%	新疆、甘肃、贵州、北京、天津
五档	GDP<1 万亿元，或 GDP 为 1 万亿 ~ 1.5 万亿元且年增速 <7%	黑龙江、吉林、山西、宁夏、青海

来源：根据相关资料整理

4.1.2　人均 GDP 比较

如何评价区域经济之间的发展是否平衡，陆铭在《大国大城》采用人均 GDP 的方法来评价各省之间发展是否平衡（陆铭，2016）。若某省属于发达地区，经济总量大，同时也吸引大量就业人口，但这样发达地区和欠发达地区人均 GDP 差异并不大。世界银行推荐的"日本模式"持相同观点：东京与北海道在经济总量上相差巨大，但东京与北海道的人均 GDP 则几乎相等。据此，陆铭认为发达地区就应该吸引更多的人，来促进区域之间的人均收入的平衡。

美国与中国地域相当，也是人口大国，但美国地区发展差别相对较小。通过比较各州人口占比与经济占比，发现各州的人均 GDP 相差不大（见图 4.1）。即美国人口和经济虽然主要集中在十大巨型发展地区，但收入差别没有那么大。

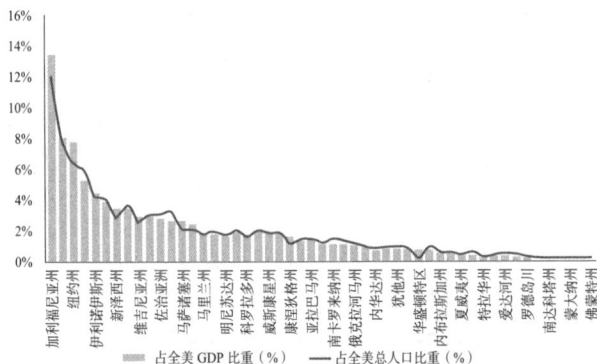

图 4.1 美国各统计单元 GDP 和人口占全国比重

（来源：傅蔚冈，http://opinion.caixin.com）

借用上述方法分析中国，发现中美差异巨大。图 4.2 显示，一些省份经济占比远远高于人口占比，包括广东、山东、江苏、浙江、上海、北京等直辖市和省份，其实这些地区也正是人口流入地区，但这些地区人均 GDP 也是相对较高。而一些省份人口占比远远高出经济占比，包括河南、四川、安徽、河北、湖南等地区，也就是说这些地区的人均 GDP 是比较低的地区，由此看来，中国的地区之间的差异还是比较大的，区域之间存在比较大的发展不平衡。面对这种不平衡，陆铭主张要放开各种限制，让人口等要素进一步自由流动，从而达到区域经济的收敛（陆铭，2016）。

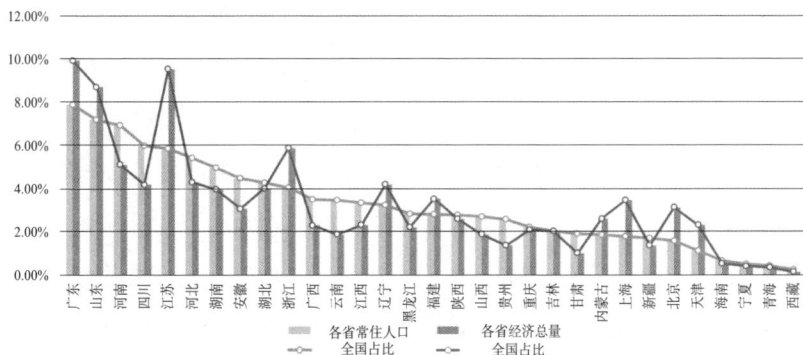

图 4.2 2014 年全国各省常住人口与经济总量比重

总体来说，受自然地理因素影响，中国人口主要在"胡焕庸线"以东集聚。长期以来，全国各省人口比重与经济比重的匹配程度不高，区域发展不平衡情况较为突出。其中，广东、江苏、浙江、山东等东部沿海省份的经济比重高于人口比重，经济发达程度较高；河南、四川、湖南、安徽等中西部省份情况与之相反，从而导致人口大量从经济欠发达的中西部地区流向经济发达的东部沿海地区。近年来，随区域政策红利与人口红利的释放，中西部工业化与城镇化进程加快，人口出现回流；但东北及华北部分地区经济人口衰退，"南北"差距成为区域发展的新问题。

随着知识经济的来临，经济发展与人的相关性也越来越强，区域发展也可通过人口发展来进行直接的验证。下一节继续讨论中国的城镇化与人口的流动问题。

4.2 人口视角的区域不平衡研究

经济发展的不平衡与人口发展存在较强的关联度，当前城镇化快速发展时期，人口流动是经济发展重要的映射，人口流动表现为从乡村流向城镇，以及从经济发展相对落后地区流向经济发达地区。这种大规模的流动驱动着城镇空间重组，带来城市 - 区域的发展变化。当前中国的城镇化发展迅猛，国家统计局历年发布的《国民经济和社会发展统计公报》显示，2001～2016年，中国的城镇化率从37%增长到57%，15年间，城镇化率增加了20个百分点，平均每年增长1.2%～1.3%，这也意味着平均每年差不多有2000万人口从农村流向城镇。

除了城镇化过程中农民工的流动外，目前新一轮的城市和区域竞争集中体现在人才的争夺。许多大城市纷纷提出了吸引人口的政策，大学生的流向更反映区域经济重组的未来取向，大学生也是高级知识人员，是新经济发展的一种映射，也是斯科特所说的"第三次浪潮"和"认知 - 文化经济"的发展趋势，而且这种趋势也影响中国区域的经济地理空间重组（艾伦.J.斯科特，2017）。

由于中国跨省流动人口呈现明显的集聚特征（张耀军，2014），人口流入地区和人口流出地区呈现明显的发展不平衡的现象。本节试图分析中国在人口流动过程中，呈现哪些新的趋势，并试图回答人从哪里来，人往哪里去，并探讨对中国经济空间格局的影响。

4.2.1　人口规模总量与空间分布

按照国家统计局统计公报，2016年常住人口城镇化率为57.3%，2010年以来，年均增长约1.2个百分点，每年从乡村流向城镇约2000万人。2016年底全国总人口（不含香港台湾澳门）约13.8亿人，城镇人口约7.9亿。按照中国发布的《国家人口发展规划（2016～2030年）》，2030年左右全国人口规模达到峰值，全国总人口规模将达到峰值14.5亿左右，城镇化水平达70%左右，城镇人口总数约10.2亿，相比2016年，新增城镇人口约2.3亿，每年新增人口约1400万。城镇化过程中人口流动与流向是经济发展差异水平的风向标。

从人口在全国国土空间的分布上可以总结分析，"胡焕庸线"基本奠定了全国人口分布的基本空间格局。人口总量与增量主要向"胡焕庸线"以东地区集聚。2015年，全国94%的人口总量、95%的城镇人口总量分布在"胡焕庸线"以东地区；2000～2015年，全国94%的城镇人口增量分布在"胡焕庸线"以东地区。

4.2.2　中国人口流动与流向趋势

（1）流动规模扩大，跨省和省内流动增长明显。

根据全国第五次人口普查和第六次人口普查的结果，2000 年至 2010 年，中国流动人口从 1.43 亿上升到 2.61 亿，占总人口比重从 11.5% 上升到 19.5%，流动性大大加强。

根据表 4.2 显示，在流动人口中，本县（市区）内流动人口占全国人口比例从 5.2% 上升到 6.8%，比例变化不大；省内跨县流动比例从 2.9% 上升到 6.3%，跨省流动人口从 3.4% 上升到 6.5%。表明，近 10 年间，省内流动和跨省流动均有所增长，省内流动增长更为迅速，已经与跨省流动的数量相当。

2000 年及 2010 年全国外来人口统计　　　　　　　　　　　　　　表 4.2

类型		2000 年		2010 年	
		数量（亿）	占比 %	数量（亿）	占比 %
全国总人口		12.43	100	13.3	100
外来人口		1.43	11.50	2.61	19.55
外来人口	本地	0.65	5.23	0.9	6.77
	本省	0.36	2.90	0.85	6.39
	省外	0.42	3.38	0.86	6.47

（来源：根据全国第五次和第六次人口普查整理）

从跨省流动和省内流动（省内跨县）的关系来看（图 4.3 和图 4.4），北京、天津、山东、上海、江苏、浙江、广东等发达地区以及辽宁、吉林、黑龙江、云南、西藏、宁夏、新疆等边疆地区或少数民族地区主要以省内流动为主，其余四川、河南、安徽等内陆人口大省主要以跨省流出为主。从变化上看，相比 2000 年，2010 年发达地区省内流动趋势进一步加强，向外流出比例进一步减弱；而人口流出型地区虽然仍以跨省流动为主，但出现省内流动加强的现象，体现出明显的区域化趋势。值得注意的是，黑龙江、云南等边区省份，原来以省内流动为主，目前跨省流动趋势出现了明显的加强。

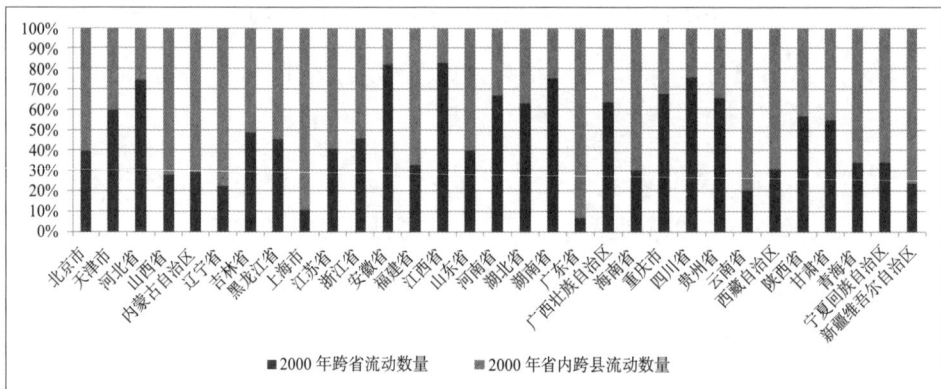

图 4.3　全国 2000 年各省省内及跨省流出人口比例统计

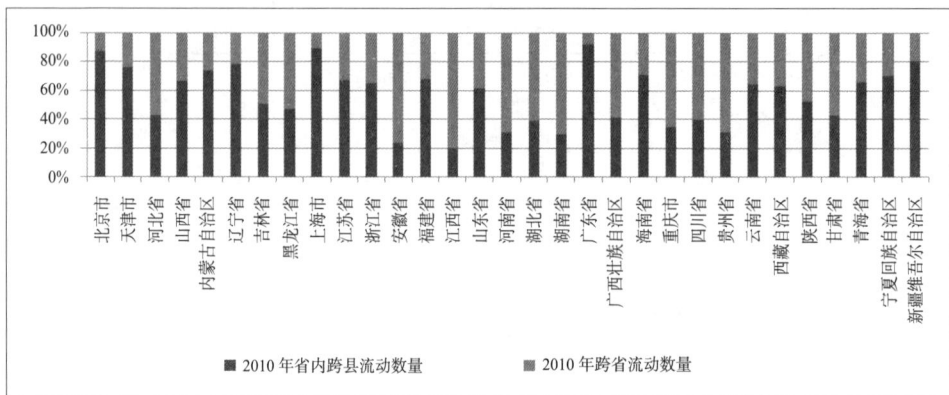

图 4.4　全国 2010 年各省省内及跨省流出人口统计

（来源：根据全国第五次和第六次人口普查整理）

（2）人口流动方向稳定，流入中心由广东向长三角、京津等区域扩散。

从各省人口净流动来看，2000 年人口净流入地区包括北京、天津、河北、山西、辽宁、吉林、上海、江苏、浙江、福建、山东、湖北、广东、海南、云南、西藏、青海、宁夏、新疆；2010年人口净流入地区包括北京、天津、山西、内蒙古、辽宁、吉林、黑龙江、上海、江苏、浙江、福建、山东、广东、海南、云南、西藏、青海、新疆。其中，只有内蒙古从流出型地区变为流入型地区，湖北、宁夏从流入型地区变为流出型地区，流入和流出省份的基本格局未发生变化，而全国流入型地区主要集中在沿海经济发达地区以及资源丰富、人口稀少的边疆地区。

根据图4.5，从流入人口的区域分布来看，2000年，广东是最主要的流入型地区，占全国跨省流入人口比重35.5%，而长三角江浙沪合计仅22.1%，京津合计仅占7.5%，而到2010年，广东占比下降了10.5%，仅为25%；而江浙沪三省上升到32.9%；京津上升到11.7%。表明近10年来，人口的主要吸引点由单一的珠三角地区向京津及长三角地区等整个东部沿海地区辐射。此外，新疆、云南等边疆地区流入人口也出现了明显的下降趋势。

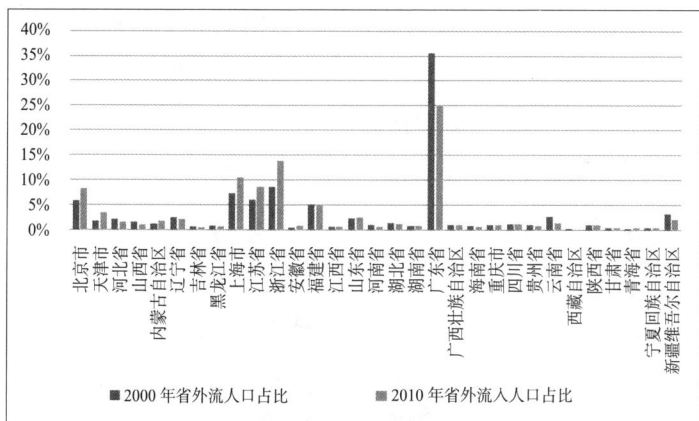

图4.5　全国2000年及2010年各省跨省流入占全国比重

（来源：根据全国第五次及第六次人口普查整理）

（3）区域性流动格局逐步显现。

从三大城市群来看，区域性流动格局逐步明显。从长三角来看，江苏、浙江、安徽、上海三省一市流向省外总人口1478万，其中在三省一市区域内部流动占

70%，主要流动方向为安徽向江苏、浙江、上海流动，流动人数均超过200万以上，以及江苏向上海流动，流动人数超过150万。从珠三角来看，广东、广西、湖南三省流向省外总人口1230万，其中区域内部三省相互流动占70%，主要表现为湖南、广西向广东流动。从京津冀来看，流向省外总人口404万，其中区域内占63%，主要表现为河北向北京、天津流动。

而三大区域以外的人口流出型省份，如四川、河南等，人口流动方向不明确，区域性特征不明显。

（4）人口流出型省份回流现象逐渐显现，省会城市聚集现象明显。

虽然从全国层面来看，对于四川、安徽等人口流出型省份，2000～2010年人口流出数量都呈现出明显的上升趋势。但从局部案例的观察发现，在安徽、湖北、重庆、四川等地区，人口回流的现象开始逐步出现。

图4.6显示，在安徽、河南、湖北、湖南等省份，以合肥、郑州、武汉、长沙等城市为代表，以省会城市为特征的省内人口聚集正逐步成为趋势。这些城市，向省内省会城市流动的比例占到外出人口（不含县（市、区）内流动）占比的10%～20%，而占到省内流动的40%以上，武汉甚至接近湖北省内流动的60%。表明人口在区域内聚集的趋势正在形成。

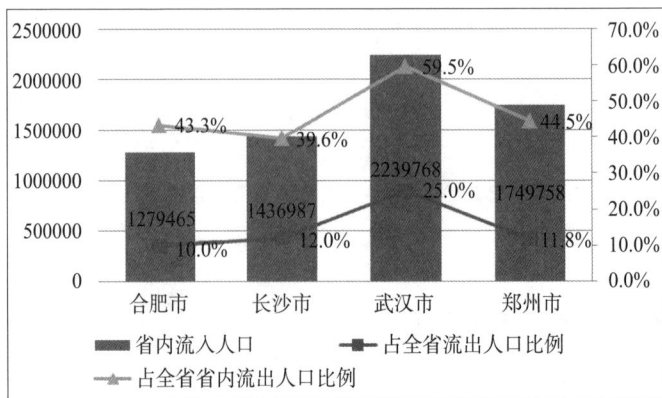

图4.6 2010年部分省会城市省内流入人口统计

4.2.3　区域人口红利比较

劳动力总量下降、深度老龄化、抚养比的上升等意味着中国人口红利面临减弱甚至消失。与此同时，区域人口红利开始显现并出现了变化。图4.7和图4.8显示，一些原来主要为人口流入地的省份外来流入人口开始下降，广东浙江江苏2010年以来，流入人口绝对数开始下降。一些以流出人口为主的省份的人口开始出现回流，出现人口回流的省份包括重庆、湖北、湖南、安徽、四川等省。河南作为人口流出最多的省，还没有出现人口流出绝对值减少的情况，人口流入与流出反映了经济发展的差距。

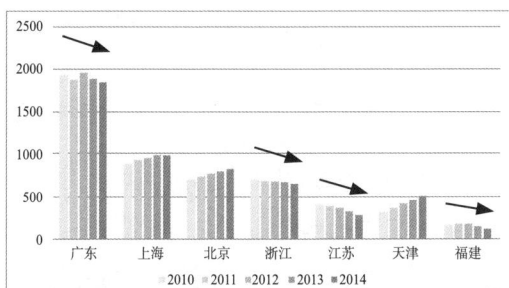

图4.7　主要人口流入省份流动规模变化

（来源：各省统计年鉴）

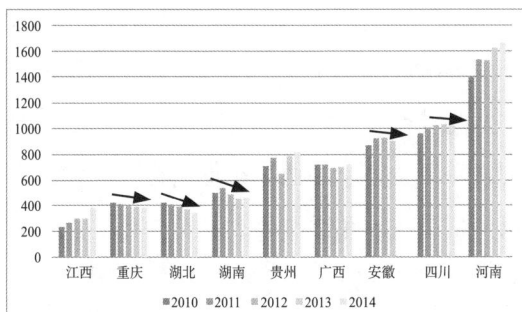

图4.8　主要人口流出省份流动规模变化

（来源：各省统计年鉴）

为更好测度国家的人口红利的转向，人口红利一般指人口抚养比较低，劳动力充足供给和储蓄率高，而带来经济增长的条件，并将人口优势转化为就业和投资（蔡昉，2011），但是中国的人口抚养比大概在 2013 年降为最低，之后人口抚养比将在不断增长，大约在 2030 年前后，人口抚养比达到峰值（0.45 ~ 0.5 之间）（蔡昉，2011），以人口抚养比转折变化点来看，中国的人口红利即将消失；以人口抚养比的绝对值来看，中国人口红利还能持续一段时间。人口红利在 2013 ~ 2030 年之间还有一定的窗口期，但是人口红利从国家层面转移到区域层面，一些地区比如东北地区由于人口的流出和人口老龄化，人口红利呈现负相关。除了人口年龄结构的不同导致的人口抚养比不同，从而带来经济增长的不同外，根据索罗经济增长模型，劳动力数量和劳动力质量对经济发展有较大的影响（陈波，2011）。劳动力的绝对规模（人口规模红利）对储蓄、消费、投资都有正相关的影响。同时随着中国教育的大发展，中国的经济发展越来越依靠人力资源红利（胡鞍钢，2011）。因此中国的人口红利实际包含了三种维度的分析内涵：①基于人口抚养比的人口结构红利；②基于人力资源的人才红利；③基于规模效应的人口规模红利。中国的人口红利判断主要包含了人口规模红利、人口结构红利、人才素质红利三个方面来进行分析。其中人口规模红利用本地区人口总规模替代，人口结构红利用劳动人口占总人口的比例，人才红利指大学生占总人口的比例。

从人口规模红利角度来看，2014 年人口统计的人口总量大省包括广东（1.1 亿）、山东（0.98 亿）、河南（0.94 亿）、四川（0.81 亿）、江苏（0.8 亿）、河北（0.74 亿）、湖南、安徽、湖北、浙江；劳动力大省包括广东（0.8 亿）、山东（0.7 亿）、河南（0.66 亿）、江苏（0.59 亿）、四川（0.57 亿）、河北（0.53 亿）。

从人口结构红利来看，总体呈现西高东低的格局，即西部各省、河南、海南等地老龄化率低、出生率高，随年龄推移，总抚养比下降，人口结构红利将不断释放。部分省份老龄化与少子化挑战严峻，如四川、重庆、辽宁、吉林、天津、江苏等。

从人才红利来看，劳动力驱动转向人力资本驱动。2007 年起，大学毕业生已经超过农民工，成为新增城镇就业的主要来源。与此同时，我们可以分析另一组数据，2017年高校毕业人数达到795万，自2011年以来，全国高校毕业生人数按照2%~5%的同比增长率逐年增长。从人才聚集来看，江苏、山东、河南、浙江、四川、湖北、安徽等沿江、沿海省份大专以上学历人口规模大且增长较快；广东、北京、上海、辽宁规模大但近年占比下降。

以省为单元的人口红利综合评价 表4.3

最高	山东、河南、江苏、广东
较高	河北、安徽、湖北、浙江、福建、四川
中等	辽宁、北京、陕西、湖南、江西、广西、上海
较低	黑龙江、山西、甘肃、重庆、贵州、云南
最低	吉林、内蒙古、宁夏、新疆、青海、西藏、海南、天津

来源：全国城镇体系规划（2018~2035）

综合人口规模红利、结构红利和素质红利，可以进行以省为单位的人口红利比较。表4.3表明，河南、山东、江苏、广东等省份人口红利最高。四川、河北、浙江、安徽、湖北、福建等省份人口红利较高。北京、上海、辽宁、陕西、湖南、江西、广西等省市人口红利处于中等水平。黑龙江、山西、甘肃等省份人口红利水平相对较低。西北地区、海南等人口红利最低。

4.3 空间视角下的区域不平衡研究

城镇密集地区和非城镇密集地区是任何国家的国土空间存在的二元特征，人口和经济会越来越集中在城镇密集地区，经济地理的不平衡是世界城市空间格局发展的普遍趋势（世界银行，2009）。面对这种经济地理的不平衡，国家的区域发展政策期望在那些欠发达地区培育形成更有竞争力的城市和城市群，从而形成新的增长极，来保持国土空间在经济发展上的相对平衡格局，避免区域发展差距过大。除了增长极理论外，面对不同地区的资源禀赋条件，如何借鉴比较优势理论，考虑在非城镇密集地区寻求特色发展，保持非城镇密集地区与城镇密集地区的发展差距不被拉大，甚至缩小，也成为区域发展研究的重要领域。

前面两节重点从经济和人口角度对中国空间发展的不平衡进行阐述，但研究以省为基本单元，空间尺度较大。事实上，各省内部发展差异也是极大，如江苏苏北与苏南，安徽的皖北与皖江地区都是如此。随后，通过以县为基本单元的进一步研究，借鉴《美国 2050》中对国家城镇密集区和非城镇密集区的分析方法，对中国以县为单元的不同发展水平进行划分，以便判断中国区域发展不平衡的实际空间状态。

采用人口和经济两个维度的指标对全国国土空间进行评估。从人口发展视角，结合中国情况，采用全国第五次和第六次人口普查的数据，通过城镇化过程中城镇人口的增量和存量对中国基于县的国土进行分区研究。总共分为四档：一档，城镇人口增量在前 25%，且人口密度大于 150 人 /km^2；二档，城镇人口增量排名前 25% ~ 50%，人口密度大于 50 人 /km^2；三档，城镇人口增量排名前 50% ~ 75%；第四档，人口增量排名在后 25%。四档分区显示，中国人口城镇化的核心地区主要在长三角地区、长江中游地区、京津冀地区以及珠三角地区。

经济发展视角来看，选取三个指标，人均 GDP、地均 GDP 增量和 GDP 增速来判断这个地区的经济发展情况，同样也分为四档来评价。第一档为人均 GDP 在前 25%，地均 GDP 增量在中位数以上。第二档为 GDP 增速在前 25%，地均 GDP 在中位数以上。第四档是地均 GDP 增量在中位数以下，且 GDP 增速在中位数以下。第三档：排除第一档、第二档和第四档之后的地区。中国经济发展较快的空间主要是在东部地区，而且以沿海为主，中部地区近几年增速较快，开始出现崛起的迹象。此外，潜力地区主要分布于核心区的外围，两者具有较高的空间依存性。将四档分区分别按 1 ~ 4 分从高到低进行赋值，其中第一档为 4 分，依次类推。其中 4 分和 3 分地区，约占了全国国土面积的 8.3%，在 2013 年约贡献了全国 55.5% 的 GDP。需要强调的是，4 分和 3 分地区的经济贡献比重已经出现下降，从 2005 年的 56.2% 下降到 2013 年的 55.5%，下降了约 0.7 个百分点，这也意味着中国的经济增长开始出现适当的分散和均衡化的趋势（郑德高，2017）。

通过将人口和经济双重要素的四档分区进行叠加，得到中国经济和人口增长的核心地区，作为城镇密集地区和非密集地区的评价标准：将 5 ~ 8 分以上（含 5 分）的经济人口相对密集、增速相对快的地区划归为城镇化主要地区——城镇密集地区；将 5 分以下的经济人口集聚不明显、增速不高的地区划归为城镇化次要地区——城镇非密集地区。按照这样的划分方法，中国城镇密集区约占全国国土面积的 21%，集聚了全国 85% 的城镇人口（第六次人口普查数据），贡献了全国 87% 的 GDP（2013 年统计数据）；城镇非密集地区约占全国国土面积的 79%，集聚了全国 15% 的城镇人口，贡献了全国 13% 的 GDP。从近几年数据来看，中国城镇密集区的人口保持继续集聚的态势，而经济占比却出现了下降，反映了人口集聚所带来经济收益的边际效益开始递减，从另外一个方面来看这也缩小了城镇密集地区和非城镇密集地区的不平衡。

从过去一段时间中国国土空间的发展规律来看，城镇密集地区与非密集地区的差距在过去三十年的快速城镇化进程中被不断拉大，形成了两极分化的空间格局；但正是由于人口与经济的发展过度集聚，城镇密集地区的人均产出效率下降；而广大非密集地区的空间价值随着生态文明建设的深化将日益突出，两类地区的产出量仍会有较大差距，但产出效益将不断缩小，甚至在某些方面非密集地区将具有更高的产出率，如生态效益等。

同时由于中国是个国土大国，各个区域的相对均衡发展将关系到国家稳定与发展。中国政府一直关注区域发展战略，着力推动区域的稳定发展，在不同的历史背景和国家战略下制定了不同的区域发展策略。

4.4　区域发展政策、趋势与问题的讨论

中国在不同的历史时期，针对区域发展不平衡提出了相应发展对策。"八五"计划明确提出"促进地区经济朝着合理分工、各展其长、优势互补、协调发展的方向前进"。按照这样的方向，中国在不同的时间段分别提出了东部率先发展、西部大开发、中部崛起和东北振兴的战略，这些称为区域总体发展总体战略。

党的十八大以来，中国区域的发展战略发生了变化，主要围绕"一带一路"倡议、京津冀协同发展、长江经济带三大战略来进行，倡导区域协同发展，尤其是期望能够统筹东中西、协调南北方的区域协调发展战略。2016 年发改委印发的《关于贯彻落实区域发展战略 促进区域协调发展的指导意见》围绕区域协调发展主要提出了四项任务来破解区域发展不平衡的问题：一是优化经济发展的空间布局，加快城市群的建设等；二是要加强区域政策的顶层设计；三是加强区域合作互动；四是健全区域协调发展机制。

评价区域政策能否推动协调发展，通常基于发展效率、缩小差距和环境友好三个方面要求（张军扩，2008）。一是提高效率，应有利于提高资源配置的效率；二是平衡发展，即有利于缩小地区之间的差异；三是环境友好，要有利于保护绿水青山。但这三个方面的要求通常难以同时实现，提高效率有时会拉大区域之间的发展差异，典型如东部率先发展战略。东部率先发展战略主要包含三方面政策内容：一是设立经济特区，包括在 1980 年代设立深圳等 5 个经济特区，1985 年开放 14 个沿海城市，1988 年设海南经济特区，1993 年设立浦东新区；二是包括减免企业所得税，开放金融服务等一系列优惠政策；三是鼓励体制机制创新。发展现实表明，东部率先发展战略事实上进一步拉大了东、中、西地区之间的差异，其本身就是一个不平衡的发展战略，效率、平衡并未能很好地兼顾。

客观地说，国家出台的一系列区域发展政策对已经具备发展条件的地区很容易发挥作用，对不具有比较优势的地区，这些区域发展政策的影响是比较小的。其实除了东部率先发展政策，国家先后于 1999 年提出了西部大开发策略，2003

年根据东北老工业基地的发展困境问题提出了振兴东北地区等老工业基地政策，2005 年提出促进中部地区崛起等战略。这些战略对国家平衡发展还没有起到它应该发挥的作用。

所以国家区域发展政策主要是两方面的作用：一方面在基本面上是推进公共服务设施均等化，另一方面是针对"功能区"和"问题区"采取差异化的区域发展策略。这种区域发展政策典型如提出城市群、城市新区等重点功能区来促进地区发展，同时也对资源枯竭型地区、老少边穷地区等提出特殊的政策支持。

针对功能区和问题区的发展思路，提出促进空间价值的转换出发，推动功能区的多中心发展、转变问题区的发展模式等，并提出了魅力景观区的概念（郑德高，2017），下章将进行详细论述。

4.5　小结

当前国家层面的区域经济发展核心在于区域之间和城乡之间发展平衡，可以从人口流动和经济发展水平的差异来衡量。总体来看，中国东中西发展还不平衡，但中西部的经济发展速度在加速，东中西经济发展呈现收敛的态势，中西部人口回流开始出现。但是南北问题开始更加突出，东北振兴成为区域经济发展的重要政策取向。这种不平衡进一步延伸为以下两个方面：一是区域之间发展的不平衡，及表现区域所形成的城市群之间发展不平衡，二是城镇密集地区和非城镇密集地区之间的发展不平衡，从广义上来说也是城乡之间发展的不平衡。

针对这种不平衡发展状况，国家从两个方面制定相关政策：在基本面上是推进公共服务设施均等化，在重点地区是针对"功能区"和"问题区"采取差异化的区域发展策略。"功能区"是希望集中高效发展，而"问题区"多是通过财政转移来寻求平衡，但这种政策发展的现实并不理想。未来应充分考虑市场经济条件，在研究其形成机制基础上，来制定更合理与理性的发展政策。

第 5 章

空间重塑：三种力量下的中国新经济地理格局演化

加入世界贸易组织意味着中国深度融入全球分工体系，成为经济全球化的参与者和推动者之一。这一方面带来了上文所述的不平衡现象，另一方面也使得中国形成了一批深度嵌入全球城市体系的中心城市，以及京津冀、长三角、珠三角等一批有竞争力的城市区域。本章将基于这些变化，通过提炼其内在演化特征和机制，来解析等级化、网络化与地域化三种力量对国家区域发展与经济地理演化的影响。

5.1　等级化：全球城市、国家中心城市的形成与发展

传统中心地理论认为城市分等级是城市体系的重要特征，不同层级的中心城市提供不同的商品和为不同地域范围提供服务，中心城市最核心的特征是等级性或层级性。中心城市主要为周边地区提供商品与服务，其服务范围取决于它的等级高低，等级越高，提供商品的种类也越多，同时其服务范围则越大，而城市的等级越低，则提供的商品种类也越少、商品的层级也越低，其服务的范围也相应较小。一般来说，城市的服务等级与规模等级也呈现明显的正相关关系，城市人口规模越大的城市，城市功能更加丰富，也提供更加高级的商品，城市等级体系通常以城市人口规模来划分，中国城市规模相比较欧洲的城市而言一般较大，每一等级对应的人口规模相应也较大，所以不同国家对城市规模的等级与划分有不同的标准。

新自由主义兴起与全球劳动分工使得城市等级化支配要素发生转变，这进一步拓展了城市体系和中心城市的内涵，形成了全球城市体系学说。彼特霍尔基于众多研究指出，在现代国际城市体系中，有可能确认出等级结构和非等级结构的要素（Hall P，2015）。对于如何划分全球城市的标准，学术界有多种的解释，但是总体来说，主要分为两个方面：一是强调全球城市产生的始作俑者，比如跨国公司总部、银行与金融总部等，这些机构对全球资本有较强的控制力和影响力，

这些总部集中的所在地就是全球城市；另一方面，注重全球城市的某些特定的特征，尤其在为资本服务方面的经济特征或文化特征，比如生产性服务业。这两个方面均体现出城市功能体系等级性的特征。

经济活动的地理拓展和功能整合相互协同，价值链分工取代了产业链分工，全球化价值分工重组带来城市功能体系重组，城市体系等级化力量的支配性愈加凸显，中国也不例外。因此，下文将从城市规模等级和功能等级两个方面，详细论述全球化带来的等级化力量如何影响和支配中国城市体系。

5.1.1　中国城市体系发展现状

2000 年到 2015 年，中国城镇化处于加速发展阶段，城镇化率由 2000 年的 36.2%，提高至 2015 年的 56.1%，年均提高 1.3%。2015 年，全国城市（含县级市）数量已达 655 个，县（旗）数量达 1569 个，建制镇（不含城关镇）数量达 18805 个。

从规模上来看，全国人口总量由 2000 年的 12.7 亿，增长至 2015 年的 13.7 亿；其中城镇人口由 2000 年的 4.6 亿，增加到 2015 年的 7.7 亿，约 3.1 亿的农业转移人口进入城镇。

从空间上来看，大部分城市集中在胡焕庸线以东。2015 年，全国 83% 的城市、94% 的人口总量、95% 的城镇人口总量分布在"胡焕庸线"以东地区；2000 ~ 2015 年，全国 94% 的城镇人口增量分布在"胡焕庸线"以东地区。

5.1.2　城市规模等级：人口向大城市和县城集聚

不同规模城市数量均有所成长，大城市数量增长尤为迅速。表 5.1 显示，2000 年 ~ 2015 年，城市总数减少 8 个，整体数量基本稳定。其中地级市增加了 32 个，县级市减少了 40 个，城市数量由 663 个下降到 655 个。从规模层级来看，除小城市外，其他城市数量均有增加，其中超大城市增加 5 个，特大城市增加 1 个，大城市增加 15 个，中等城市增加 36 个，小城市则减少了 65 个。

各规模等级城市数量变化   表 5.1

规模等级		2000 年数量（个）	2015 年数量（个）
超大城市	≥ 1000 万	1	6
特大城市	500 万 ~ 1000 万	8	9
大城市	300 万 ~ 500 万	6	11
	100 万 ~ 300 万	54	64
中等城市	50 万 ~ 100 万	98	134
小城市	20 万 ~ 50 万	267	286
	< 20 万	229	145
县城		1674	1569

新增城镇人口呈现出向超大城市、县城和镇集聚的态势。图 5.1 显示，6 个
超大城市城镇人口增长约 2800 万，占全国城镇人口比重提高了约 0.7 个百分点。
由此可见，这 10 年间中国特大城市发展迅速，城市化进程中大量人口涌入城市，
特大城市、超大城市是这期间人口城市化的主要战场。超大城市占全国城镇人口
比重有所增加，但同时县城与镇城镇人口增长约 8000 万，人口一方面流向大城
市寻找就业机会，但由于大城市的边际效益在递减，大部分人口流向县城寻找基
本的公共服务，同时能城乡兼顾，因此县城的人口占全国城镇人口比重由 22.2%
提升至 27.6%。除了县城，其他层级城镇人口占比均有所下降，这反映了城市人
口流动的"两端流动"的偏好特征，其中，特大城市城镇人口占全国比重有所下
降，由 9.3% 下降到 8.5%，大城市包括 I 型大城市和 II 型大城市，其城镇人口占
全国城镇人口比重由 22.8% 下降到 21.5%，此外，广大的以地级市为主题的中等
城市，其城镇人口占全国城镇人口比重由 15.7% 下降到 14.1%，也反映了所谓的
中等城市的发展困境，从城市规模上缺乏明显优势，从地域文化认同上，又不如
县城。此外小城镇人口由于在国家中定位一直不是特别明确，虽然小城镇量多面
广，但其城镇人口占全国城镇人口比重由 19.3% 下降到 16.7%。

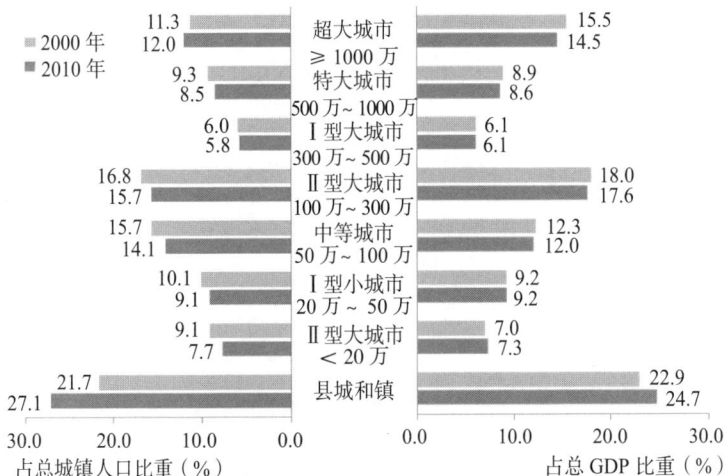

图 5.1　各规模等级城镇人口和经济占比变化

（来源：全国城镇体系规划（2018 ～ 2035））

针对具体城市而言，2005 ～ 2010 年各城市市辖区常住人口增长较快，例如城市人口增长最快的为上海年均增长近 100 万；但 2010 ～ 2015 年各城市市辖区人口增长速度明显降低，部分城市年增长明显减少，如东莞、西安、沈阳、哈尔滨等。

以上不同规模城市增长的变化反映出城市资源配置方式和能力的变化。即市场主导下，大城市的合理发展是因为规模经济的作用有利于整体经济效益的提高，经济与劳动力之间有较高的匹配度以及资源的合理利用，尤其是在资源节约方面。但按照杨小凯的新古典经济学的分工理论，不同规模等级的城镇发挥着不同的作用，也会存在明显的分工，分工导致城市之间的互补与共生关系，但相对来说，如果中小城市在大城市的辐射圈范围，受涓滴理论的影响，有更好的发展条件，大城市与周边中小城镇之间也利于形成一体化发展的都市圈或城市群。

值得注意的是，伴随着人口向核心城市的大量集聚，带来了住房、交通、环境等诸多城市问题，部分城市开始控制人口规模。这同样反映在等级化的城市体系带来边际效益的变化（图 5.2）。超大城市效率最高，但出现下降；特大城市和大城市人口比重降低，但是整体经济效率呈现上升的趋势，Ⅰ型大城市和Ⅱ型大城市总体效率还是比较高。这个分析验证了大城市的规模经济所带来的整体效率偏高的假设；中等城市发展效率虽有上升，但整体的经济效率还是远远低于大城市，其未来效益将有待进一步提升的空间；小城镇人口比重的总量和比重都是比较高的，但是确实整体的经济效率是偏低的，小城镇在中国城镇化的作用更多地起托底的作用。

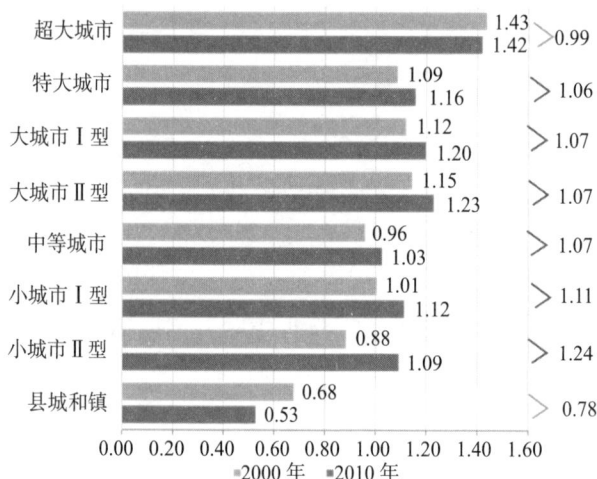

图 5.2 2000 年、2010 年各层级城市发展效率比较

（来源：全国城镇体系规划（2018 ~ 2035））

5.1.3 城市功能等级：深度融入全球城市功能体系

弗里德曼、彼特·霍尔、杨小凯等分别从全球城市体系和城市经济分工角度阐述了城市分层及其机理。对于中国而言，政府和学者也均已经注意到中国中心城市的等级性，并提出了相应的应对措施。在 2005 版由中国城市规划设计研究院编制的《全国城镇体系规划（2006 ~ 2020）》中，提出国家中心城市 - 区域中心城市 - 地区中心城市的中心等级体系，并首次提出在全国范围内建设国家中心

城市。《全国城镇体系规划（2006～2020）》解释"国家中心城市"概念时强调：国家中心城市是中国金融、贸易、管理、文化中心和交通枢纽，同时也是发展外向型经济和推动国家文化交流的对外门户，表现为全国范围的中心作用和国际性两大特征。

当前，中国城市等级化特征日益明显，并呈现出全球化、国际性、战略性等诸多特点。结合中国实际，可以归纳出中国城市体系呈现以下三大特征，其背后机制在于全球化带来等级化力量。

（1）伴随着国家深度融入全球化，部分城市已经跻身全球城市。

在全球化的进程中，中国的经济发展已经深度参与全球经济体系并逐渐对全球经济发展起着重要作用。中国部分顶级城市包括北京与上海等与全球资本之间的关联度日趋加强，并开始起着重要作用，这些城市承担了全球重要的金融职能、生产性服务业职能、贸易中心职能、交通枢纽职能、科技研发职能等。跨国公司总部和分支机构网络在全球城市体系中布局，尤其体现为全球资本服务体系，即一些城市正成为资源配置中心和资源控制中心。

GaWC 研究小组的研究成果认可度和权威性相对较高，可作为中国城市在全球体系地位和全球影响力的表征。该排行榜以生产性服务业企业为主要研究对象，对全球城市网络和全球城市进行排名，共分为一线城市 Alpha，二线城市 Beta，三线城市 Gamma，高度自足城市 High Sufficiency 和自足城市 Sufficiency 五档。对于中国而言，香港一直处于第一层级，承担了中国开放的窗口作用，是较为稳定的全球一线城市。北京、上海近十年地位上升较快，也已跻身 Alpha 层级，已经基本巩固在一线城市的地位。2016 年广州首次进入 Alpha 层次，成为中国进入一线城市的第四城。深圳、成都、天津进入 Beta 层级；南京、杭州、青岛则进入 Gamma 层级。

观察福布斯 2000 企业总部数量，可以测度城市的资本支配能力（表 5.2）。结果显示，北京处于第一层级，其总部数量远超其他城市；上海、深圳处于第二层级，广州处于第三层级，其数量低于北京，但与第四层次的城市总部数量又有较大优势。综合来看，北京、上海、广州、深圳处于中国城市的顶级，其有成为全球城市的基础和实力，代表国家参与全球竞争和合作。

全球资本支配和服务能力下的中国城市层级分布　　　　　　　　　　表 5.2

基于 GaWC 的中 国城 市层 级		基于福布斯 2000 企业总部商务支配指数的中国城市层级				
		第一层级	第二层级	第三层级	第四层级	第五层级
	第一层级	北京	上海			
	第二层级			广州		
	第三层级		深圳		天津　南京	杭州、成都
	第四层级				福州	重庆、武汉、济南、西安、沈阳、大连、青岛、厦门
	第五层级				佛山	呼和浩特、长沙、合肥、石家庄、哈尔滨、昆明、太原、开口、宁波、珠海、潍坊、遵义、中山、唐山、宜昌、烟台

（来源：唐子来，李涛，李粲 . 中国主要城市关联网络研究）

（2）次级城市追求特色化国际竞争力，同时发挥区域带动作用。

次级城市发展基础相对较好，并寻求单个领域的高价值分工和高等级地位，不过分追求成为综合化的全球城市。同时，这些城市也是城市群中的核心城市，承担着引领区域发展的重任。

以科技创新为例，以杭州为代表的新兴创新城市正在重塑全球和国家科创体系。全球化不仅仅带来经济要素的扩散，同时跨越国界的全球科创网络正在形成，全球科创中心的中心集聚与区域扩散并存，部分中国城市已经有成为全球科技创新中心的潜力。杭州聚焦于数字经济，发展新经济、建设全球创新中心之一，一方面成为海外归国科技人才的首要落脚地，另一方面也成为中国参与世界科技创新的重要竞争极。从互联网下城市的网络被搜索关注等级比较，杭州、南京、武汉、成都、深圳等城市已经迅速崛起（王波，2016）。

部分排行榜也反映出这些新兴崛起的次级中心城市。第一财经的新一线城市商业魅力排行榜通过商业资源集聚度、城市枢纽性、城市人活跃度、生活方式多样性、和未来可塑性等维度，对城市进行排名（新一线城市研究所，2017）。2017年除了北京、上海、广州、深圳外，有 15 个城市称为"新一线"城市，依次是成都、杭州、武汉、重庆、南京、天津、苏州、西安、长沙、沈阳、青岛、郑州、大连、东莞和宁波。与 2016 年和 2017 年相比，城市位序有所变化，但"新一线"城市对象并未出现明显变化。

（3）部分中心城市承担了国家重大战略，发挥特殊职能。

"一带一路"倡议、京津冀协同发展和长江经济带国家战略，框定了当前中国区域发展的空间体系与基本格局，这些倡议和战略也影响了中国城市体系的构建，也会对经济与人口的布局、优化、调整产生影响。

以"一带一路"倡议为例，要重点关注通道、开放平台上的中心城市。如作为 21 世纪海上丝绸之路，长三角、珠三角与京津冀的中心城市，都以港口城市为海上合作战略支点，采取引进来、走出去战略，积极构建与沿线国家和地区互联互通，加强全球链接形成高效便捷的海陆空运输通道网络。在沿海城市中，厦门也是海上丝绸之路重要的支点，其战略性必须予以关注。同样地，乌鲁木齐、南宁、昆明等城市也要根据不同的战略作用，确定不同的发展目标和路径。

5.1.4　等级化主导的空间重塑：全球城市与国家中心城市的形成

城市规模等级和城市功能等级分析结果表明，在等级化力量下，多重功能的全球城市和国家中心城市已经初步形成，正在重塑国家空间和城市体系。北京、上海、广州、深圳等资本支配能力和服务能力较强的城市已经跻身全球城市体系，尤其是上海提出要建设"卓越的全球城市"，更是显示出其与纽约、伦敦竞争的愿景。武汉、成都、重庆、杭州、南京等城市在提升国际化水平和竞争力的同时，与其他城市拉开了一定的差距，成为仅次于全球城市的次中心城市，武汉、成都、重庆也明确提出建设国家中心城市。

基于上述分析，判断一个城市是否为国家中心城市，主要要参考三个维度：一是城市在全球城市体系的地位和影响力，二是参考城市在经济集聚、人口集聚以及文化、贸易、创新、交通枢纽等方面所形成的综合实力，第三是城市在国家空间格局的战略地位。

首先，参考 GaWC 的最新全球城市排名，考察城市的资本支配能力和服务能力，同时参考各类国际排行榜中的中国城市地位，得出中国城市在全球城市体系的地位。

其次，城市综合实力参考世界知名排行榜，综合考虑规模功能两大维度。规模维度包括人口和经济指标，人口指标采用第六次人口普查的城镇人口总量和城镇人口增量数据，经济指标采用 2015 年各城市国民生产总值。功能维度涵盖文化、贸易、创新、交通四大指标。文化指标参考社科院中国文化城市竞争力排行榜，贸易指标采用社会消费品零售总额和进出口总额，创新指标参考中国经济研究院发布的中国创新创业指数，交通指标采用高铁客流量和机场客流量。

第三，国家空间格局则通过梳理城市群的相关政策和规划定位、国家战略，并借助于大数据研究成果来综合确定。

基于以上分析，得出中心城市指数的总体排名（表 5.3）。结果显示，上海、北京为第一档，分数远高于其他城市，是有竞争力的全球城市。深圳、广州为第二档，紧追北京和上海，是新兴的全球城市。重庆、天津、成都、南京、杭州、武汉、青岛、西安、沈阳、郑州、厦门等城市得分相对较高，在国家空间格局中承担比较重要地位，这些城市对外链接全球，对内辐射区域。本文的目的不是要界定谁是全球城市、谁是国家中心城市，而是期望通过城市等级化的研究，来总结城市发展规律，为国家城镇体系的构建提供发展的建议。

中心城市指数评价结果　　　　　　　　　　　　　　　　　　　表 5.3

城市名称	城市实力评价	世界城市体系地位评价	区域辐射力（城市群地位）	综合得分	排名
上海	99.82	100	100	99.86	1
北京	99.73	100	100	99.78	2
广州	98.72	90	90	96.98	3
深圳	98.16	90	90	96.53	4

续表

城市名称	城市实力评价	世界城市体系地位评价	区域辐射力（城市群地位）	综合得分	排名
重庆	98.07	70	90	94.46	5
天津	96.37	80	90	94.1	6
成都	97.08	70	90	93.66	7
南京	96.06	70	80	91.85	8
杭州	95.88	70	80	91.7	9
武汉	95.25	60	90	91.2	10
青岛	94.06	70	80	90.25	11
西安	94.29	60	80	89.43	12
沈阳	92.93	50	85	87.84	13
郑州	92.72	50	80	87.18	14
厦门	90.89	60	80	86.71	15

（来源：根据全国城镇体系规划（2018～2035）相关研究整理）

　　当然，学界和政府对建设全球城市和国家中心城市的路径和方式进行了讨论，也有助于进一步认识全球城市和国家中心城市。尹稚通过研究美国和欧盟的中心城市（尹稚，2017），提出中国中心城市建设要兼顾城市发展实际和国家战略要求，评判标准应多元考虑，建议将中心城市区分为全球城市、综合性国家中心城市和特色性国家中心城市三类。袁奇峰从市场的视角，提出中心城市地位基于世界产业分工，镶嵌在全球城市网络，不能按照行政等级形成均衡的"中心-边缘"模式，应更多集中在沿海地区（袁奇峰，2017）。应当来说，中心城市的建设一方面要顺应全球化下的城市发展趋势，另一方面也要根据国家战略需要进行政策引导。

5.2　网络化：城市群与巨型城市区域的形成与发展

　　在全球化的过程中，国家与国家之间、地区与地区之间形成非常紧密的贸易往来与经济的相互合作，由此带来全球资源的进一步整合，全球生产要素的进一步流动，由此产生了各种经济流、信息流，"流"的作用在不断加强。流的强弱组合与交织形成了网络化的空间。网络化作用的加强与范围的不断扩散，改变全球的生产、权力、文化等运行逻辑，网络化对全球城市、区域的空间关系也会产生很大的影响，会带来新的经济地理关系的重构与重塑，也由此形成新的基于网络化的全球城市体系（岑迪，2013）。

"空间"网络化的高度发育表现为区域一体化，通过与城镇化相互交织，其结果是产生了城市群等区域功能地域组织。张京祥认为城市群的空间构成是由城市群内的城镇与周边的区域环境共同构成，但其本质的特征是相互之间的网络性（张京祥，2000）。2006年，英国学者彼特·霍尔等出版《多中心大都市：欧洲超大城市区域的经验》一书，通过构建网络化的发展模型，探寻欧洲8个多中心区域组织和结构互动的联系机制。

因此，本节重点关注网络结构引领信息流、人流、物流、资金流和技术流在全国区域范围如何流动，以及如何塑造城市和区域的特征。基于数据的可获取性，本节将从人口流动网络和经济关联网络两个视角研究展开论述。

5.2.1 人口流动视角：扩大化的城市 - 区域联系

前文分析指出，跨省和省内流动增长明显，跨区域流动和向大城市流动是中国人口流动的主要特征。这种大规模的人口流动从3个方面促进了城镇化的发展，并形成了不同类型和不同发展阶段的都市圈和城市群。首先，大量劳动力进入沿海开放城市，有效补充了城市的人力资源缺口；其次，劳动力资源的有效补足提高了这些城市的劳动效率，使得城市经济快速发展和功能升级成为可能；第三，不同规模的城市存在差异化劳动率和定位，规模较大的城市更多承担服务业和金融、科技等职能，中等城市则更多地承担制造业和一般服务业发展，中小城市承担服务地区发展的功能，大中小城市相互之间存在分工和互补的需求。

基于腾讯大数据的全国城镇人口分布与流动可以从空间角度充分刻画上述现

象，即在全国范围内的城市和区域之间开始形成多层次的关联网络特征：

（1）核心城市和区域之间关联密切，为联系的第一层级。京津冀、长三角、珠三角、成渝、长江中游地区相互之间人口流动量大、频次高，形成了钻石状的国家空间结构，这与李晓江（2012）的观察和判断相一致。

（2）次一级城市群与核心城市群之间关系相对紧密。比如哈长地区与京津冀地区之间存在一定的联系。

（3）部分城市 - 区域以内部联系为主，与其他区域联系较弱。

此外，基于腾讯大数据的全国城镇人口分布与流动也能够反映出城市 - 区域内部网络化联系和特征。总体来讲，城市 - 区域内部已经形成了紧密的关联网络特征，并且相互差异较大。可以总结如下特征：①核心城市群内部之间联系密切，一方面是由于轨道交通网络的日益完善，另一方面由于群内的核心城市与其他城市形成了紧密的功能分工。②不同城市群内部之间的网络结构差异较大。如长三角城市群呈现出大中小紧密联系的相对均衡格局，成渝城市群呈现出双中心的结构，京津冀呈现出单中心的结构，长三角中游城市群则形成了基于省域网络的相对松散格局。③部分城市群正在发育，内部网络尚未完全形成，处于都市圈发展阶段。比如滇中城市群，昆明还处于单中心集聚阶段。

5.2.2　经济关联网络：愈加紧密的相互联系

众多学者的研究表明，与人口流动相伴的是愈加紧密的经济关联网络。在国家和区域的城镇高密集地区，网络化的类型特别复杂，表现也很突出，尤其是基础设施网络化、产业扩展网络化、企业集团网络化、市场扩散网络化等等。

陈伟通过航空流分析，得出全国城市 - 区域网络基本形成网络化的交织状态（陈伟，2015），基于航空流的分析表明，从城市 - 区域网络体系来看，全国第一层级的、关联程度最高的网络基本形成一个"菱形结构"为核心的主框架，构建菱形结构四个核心城市 - 区域分别是京津冀地区的北京、长三角地区的上海、珠三角地区的广州和深圳、成渝地区的成都和重庆，同时西安、杭州、青岛、厦门也呈现较高的关联度，也可以归纳在第一层级中。第二层级城市网络也有较强的关联度，主要是一些副省级城市和省会城市，也是一定区域范围内的中心城市。对于第三层级，就全国空间格局而言，主要是一些经济活跃的大中城市。其他中小城市参与度较低；从网络化的整体框架来看，东部沿海与中部地区的关联网络明显，但是与西部、东北以及西南地区的关联网络还比较少，还在发育阶段。

唐子来则从全行业的资本支配视角，采用工商总局注册的企业大数据，运用企业关联网络的总部 - 分支机构法，进一步分析中国主要城市群和城市的关联网络的主要特征，从总关联度分析可以分析城市的关联的层级，从关联网络的密切程度分析出来的联系方向，以及城市的腹地等等（唐子来，2017）。熊丽芳是基于百度信息流的大数据，分析城市相互之间的联系网络的时空演进，认为城市之间的相互联系网络是越来越得到强化，但同时也发现城市网络空间中也存在着极化和均衡化的现象（熊丽芳，2014）。上述分析结果进一步印证城市群相互间和内部已经形成了日益紧密的网络化联系，城市网络空间也在进一步的重塑城市的体系。

此外，从新兴创新视角来看，中国创新网络联系已经超越地域限制，形成更广范围的网络化联系。在区域范围内近域扩散与高等级科创中心之间跳跃扩散并存，高等级科创中心之间的联系更强。

5.2.3　网络化主导的空间重塑：城市群与巨型城市区域的形成

基于上文人口流动和经济关联网络分析，可以看出城市群作为国家、人口集聚地，其经济人才等要素联系活跃，形成了复杂的相互依赖和相互竞争关系，并在多个层次上呈现出空间网络化和功能网络化的联系特征。

为进一步认识网络化主导下的城市群发展特征，在梳理相关城市群识别方法的基础上，提出"三密度一网络"的城市群范围界定方法，即经济密度、人口密度、城镇密度以及区域交流网络等四项指标（表5.4）。

城市群地区的界定标准   表 5.4

评价维度	评价指标
城镇人口总规模与人口密度	人口总规模：2000 万人 人口密度：200 人 / 平方公里
经济总规模与经济密度	2013 年现状 GDP 总量在 2 万亿元左右 经济密度：地均 GDP1500 万元 / 平方公里
中心城市与城镇密度	城市总数量在 10 个以上，首位城市人口数量在 300 万以上
内部联系网络与对外联系网络的程度	首位城市联系强度在 100 以上

来源：Yang Baojun, Zheng Degao, Li Pengfei, The Status, Strategy and Development Path of China's Urban Agglomerations, 2019（待发表）

经济密度拟采用全国 2200 多个县市单元的地均 GDP 产出，以及 2005 ~ 2013 年期间 GDP 的增速识别出经济增长的核心地区；人口密度拟采用 2010 年全国第六次人口普查中的县市单元人口密度和人口增量，同样鉴别出人口增长的核心地区；城镇密度拟采用夜景灯光图（2016 年 NASA 夜景卫星图）来识别城镇的个数和密度；区域交流网络采用节假日和工作日人口迁移（2016 年腾讯云数据）的强度来鉴别区域联系强度。同时人口总规模在 2000 万以上、区域内首位城市规模等相关指标进行校核。

根据上述界定标准和计算结果，发现中国城市群空间有如下特征。①以 50 分为界定标准，全国范围内能够达到成熟城市群基本要求的大体有 5 个地区，分别是长三角、京津冀、珠三角、成渝等地区，是中国较为成熟的城镇化地区。②长江中游、中原、山东半岛、海峡西岸、辽中南、滇中、江淮、哈长、关中平原等地区得分在 20 分以上，具有发育为成熟城市群的潜力。③其他地区，如黔中、北部湾、宁夏沿黄、呼包鄂榆、山西中部、兰州 - 西宁、天山北坡等在总规模、中心城市数量、抑或区域联系强度有所欠缺，未能达到城市群的影响力。④其中需要特别强调的是江淮地区，主要涵盖皖北、鲁西南以及河南东南部，此地区城镇人口总规模达到约 2000 万，但由于缺少中心城市，整体联系度不强，是个未引起重视的成长型的城镇密集地区。

各城市群地区的主要社会经济指标对比表　　　　　　　　表5.5

层级	城市群	人口维度		经济维度		城市维度		联系维度	得分
		人口规模	人口密度	经济体量	经济密度	城市数量	首位城市规模	首位城市联系强度	
		（万人）	（人/km²）	（亿元）	（万元/km²）	（个数）	（万人）	（个数）	
第一级	长三角	9300	448	123224	5937	66	2022	408	95.8
	珠三角	5071	548	56386	6098	20	1064	350	65.9
	京津冀	5895	291	50484	2494	33	1645	447	61.4
	长江中游	4847	210	44044	1905	53	754	258	51.2
	成渝	4070	219	36473	1964	28	1239	289	50.3
第二级	山东半岛	3261	346	43598	4621	34	399	110	43.6
	中原	2589	313	24336	2943	30	368	197	37.2
	辽中南	2093	301	25811	3709	20	572	108	34.6
	海峡西岸	2335	304	22945	2990	19	362	113	31.5
	滇中	436	416	3994	3814	3	339	110	27.5
	江淮	1839	296	16590	2670	11	174	69	24.5
	哈长	1889	145	20049	1533	17	622	106	24.1
	关中平原	1233	178	10481	1515	9	540	170	22.5
第三级	山西中部	701	230	5164	1692	10	315	80	18.6
	北部湾	758	180	5700	1355	12	285	95	17.3
	黔中	376	241	2498	1599	3	252	89	16.2
	宁夏沿黄	283	189	2549	1700	6	315	80	15.7
	兰州西宁	400	239	2635	1574	3	244	10	13.5
	呼包鄂榆	522	114	10243	2241	3	190	2	12.3
	天山北坡	403	70	4110	712	5	258	0	7.5

来源：人口数据以2010年全国人口普查为准；经济数据以2014年全国统计年鉴中2013年数据为准；城市数量是以县级市以上为统计对象，设市行政区划按2015年底为准；首位城市联系强度是指该城市群内首位城市与全国其他城市的联系消息在百万级以上的城市数量，其中消息是以腾讯QQ数据为准，数据来源：《基于腾讯大数据的全国城镇人口分布与流动研究》（中国城市规划设计研究院、深圳市腾讯计算机系统有限公司）。

　　在识别出的20个城市群地区，从2000年和2010年两次人口普查的城镇人口分布来看，全国城镇人口从2000年的4.58亿人增长到2010年的6.65亿人，增长约 2.07 亿人，其中城市群地区增长约 1.5 亿人，占全国城镇人口总增量的 72% 左右。

从发展阶段来看，20 个城市群中仍有一半左右仍处于成长发育的阶段，而且基本处于中西部地区，也是未来中国城镇化的主战场。因此，为了实现国家"三个 1 亿人"问题，中央国务院提出"引导约 1 亿人在中西部地区就近城镇化"的目标，这是中国人口城镇化发展的新方向，中西部地区处于发育期的城市群，既要培育大城市、促进人口集聚，又要推进产业发展、留住人口。

5.3　地域化：地域价值提升与魅力景观区的构建

区域经济增长是发散还是收敛对促进区域经济协调发展具有重要的现实意义。前文从人口和经济视角指出了中国的区域发展不平衡现象，这种不平衡亟待扭转和转变。然而，工业化时代的经济增长模式难以适用于那些城镇非密集地区，生态环境优美、文化底蕴深厚地区。

上两节讲述了如何通过等级化的城市中心体系、网络的城市群空间格局来塑造新的经济地理空间。本节则聚焦于知识文化经济时代如何通过提升地域价值，探索地域化的发展新路径，来推动区域收敛发展。

5.3.1　区域收敛与地域化价值提升

区域的平衡发展是一种从政治与社会发展的角度需要重点考虑的问题。除了此种模式之外，世界银行推荐日本的平衡发展模式。

进入 21 世纪，随着日本生活水平的提高、中产阶级的崛起，生活方式和消费方式也日趋多元。对此，2005 年编制的日本第六次全国综合规划《国土形成计划》中明确提出建设"魅力观光区"概念。魅力观光区是针对那些除了东京、名古屋和大阪等大都市圈之外的非城镇密集区的一种新的战略。魅力观光区主要是依托传统文化遗产，以及自然景观资源，建设富有个性且具有高度国际竞争力的地区。日本"六全综"希望在全国建设 30 个左右的魅力观光区来推动区域的平衡发展，魅力观光区是一种灵活运用旅游休闲资源所形成的广域旅游地区。

中国在党的十九大之后进入新的发展阶段，需要借鉴日本的发展经验。首先，中国的主要矛盾已经转化为人民日益增长的美好生活需要和不平衡不充分的发展之间的矛盾。这为中国迈向新时代的经济建设、政治建设、文化建设、社会建设和生态文明建设提供了新的方向。其次，中国中产阶级规模不断扩大，瑞士信贷宣称，根据美国的标准，中国有 1 亿中产阶级。一些学者预测到 2020 年，中国中产人群规模将会达到 6 亿，也可能是 3 亿或 5 亿 ❶，面对日益扩大的中产阶级，国家经常把两个问题放在一起研究，一是供给侧结构性改革，二是扩大中等收入群体（注：国家正式文件用中等收入群体比较多，国际上用中产阶级比较多），两者之间有很强的相关性。

供给侧改革主要是受供给学派经济学的影响，是当前国家重大政策制定的出发点。凯恩斯学派主要是从需求侧进行管理，一般认为经济衰败主要是需求不足，一般会加大投资，促进消费特别是政府消费。供给学派主要代表人物是拉弗，其主要观点认为生产的增长要更多从供给角度出发来分析，因此其增长主要取决于劳动力、资本、土地等要素的供给，关键是这些要素的高效利用。个人和企业在经济活动中提供了必要的生产要素，其目的是为了取得合理报酬。因此，从供给学派来看，增加或减少报酬能够影响人们的经济行为，供给学派提倡要给个人或企业减税增收等。可以看出，"供给侧"与"需求侧"是相对的，需求侧一般包括投资、消费、出口等传统的三驾马车，而供给侧包括劳动力、土地、资本、创新等要素。中国的供给侧改革，目的是调整经济结构，优化要素配置，实现经济从高速度发展转向高质量发展。毫无疑问，空间供给也是供给侧改革的重要方面之一。

---

❶ 经济观察报 20160527 报道，到 2020 年中国中产阶级达到 6 亿。

5.3.2　就地城镇化与乡村现代化的新路径

人口跨区域大量流动导致城镇化非均衡发展，突出表现为异地城镇化现象严重——这主要集中在京津冀、长三角和珠三角地区。在异地城镇化模式下，非城镇密集地区和农村人口城镇化面临巨大困境：地方政府户籍改革的动力不足，出现"半城镇化"现象，即人户分离；农民工社会保障省内统筹和全国统筹困难很大；农村大量集体建设用地闲置，这与城镇建设用地指标短缺形成强烈的反差。此外，异地城镇化严重影响了农村的可持续发展。

近些年来，非城镇密集地区出现了就地城镇化的特征，包括人口回流促进的城镇化，但其城镇化动力和路径尚不明确。就地城镇化是相对于跨地区的、远距离的异地城镇化而言，即农民在当地完成城镇化，无需迁徙到其他地区。但与21世纪初苏南地区乡镇发展、浙江省县域模式不同，传统的工业化模式难以为继。一些新的就地城镇化模式开始出现，比如借助风景经济、旅游开发等带来新的增长动力。

与城镇现代化相对，从三农问题引申而出的乡村现代化议题也日益引起关注。张尚武指出，国家现代化进程从地域上看不能只是城市现代化，也要实现乡村现代化。当前社会发展矛盾不平衡、不充分问题，突出体现在乡村地区（张尚武，2018）。从这个角度认识党的十九大提出的乡村振兴战略："城"与"乡"是一个整体，农村农业要优先发展，"三农"问题是一个整体，要通过乡村振兴实现农业农村的现代化。"产业兴旺、生态宜居、乡风文明、治理有效、生活富裕"是乡村振兴战略的总目标，其核心是推进乡村现代化建设。

上述就地城镇化与乡村现代化的多种路径是城镇非密地区发展新动力，也是推动区域发展收敛的重要方向，应予以进一步探讨。

5.3.3　地域化与魅力特色区的展望

在供给侧改革的大背景下，立足于就地城镇化与乡村现代化，要研究土地供

给的新模式和发展路径。过去土地的供给主要是为城市、城市群服务，土地财政
与城市高密度发展紧密相连，从新的需求和平衡发展考虑，要把视线从城镇密集
区转向非城镇密集区，挖掘非城镇密集区的空间价值。因此借鉴日本"魅力观光区"
的经验，提出建设中国的"魅力景观区"概念（郑德高，2017）。

国家魅力景观区是超越传统的国家风景区或者国家公园的概念，是结合已有
的自然资源、文化资源，同时把这些资源与周边的城镇、乡村联系，形成一个广
域的旅游休闲地区，这个地区可以称为"魅力景观区"。魅力景观区一方面要保
护好这个地区的文化与自然资源，另一方面要促进这个地区的城镇和乡村特色发
展，走一条特色化的发展道路。魅力景观区不是纯粹的保护地区，而是一种结合
乡村旅游，特色化景观的发展道路。魅力景观区也尽可能结合贫困地区的发展，
走出一条不同于城市群的特色发展道路。

国家魅力特色区的分布 表 5.6

编号	国家魅力特色区	典型景观资源
1	大燕山国家魅力特色区	以巍峨山体、峡谷、溶洞为代表的自然景观和以长城、避暑山庄外八庙、十三陵为代表的文化景观
2	太行山脉国家魅力特色区	以雄奇的山峰、阶梯状嶂石岩岩貌、大峡谷、喀斯特岩溶洞穴为代表的自然景观和以佛教名山、宗教艺术、红色革命文化遗址为代表的文化景观
3	晋陕豫黄河国家魅力特色区	以壮美黄河、大瀑布、湿地、峡谷、黄土高原地貌为代表的自然景观和以宗教文化、传统村落、黄土高原民俗风情为代表的文化景观
4	长白山脉国家魅力特色区	以亚洲东部典型山地森林生态系统、高山火山湖泊、冰雪为代表的自然景观和以高句丽文化遗产、边境民俗风情和少数民族文化为代表的文化景观
5	大小兴安岭国家魅力特色区	以原始森林、河流、湖泊、火山群为代表的自然景观和以边境民族风情、古遗址为代表的文化景观
6	洪泽湖国家魅力特色区	以辽阔湖泊、湿地为代表的自然景观和以人工水利工程、石刻等为代表的文化景观
7	浙南丘陵国家魅力特色区	以丹霞地貌、火山岩地貌、河川为代表的自然景观和以宗教文化、书院文化、古村落为代表的文化景观
8	大黄山国家魅力特色区	以险峰、怪石、奇松为代表的自然景观和以佛教文化、书画文化、徽派文化、传统村落为代表的文化景观

续表

编号	国家魅力特色区	典型景观资源
9	武夷山脉国家魅力特色区	以丹霞地貌、喀斯特地貌、火山岩地貌、亚热带原生森林、珍稀物种栖息地为代表的自然景观和以宗教文化、书院文化、石刻艺术、古民居为代表的文化景观
10	鲁中丘陵国家魅力特色区	以巍峨山峰为代表的自然景观和以帝王封禅、圣人儒学文化为代表的文化景观
11	大别山国家魅力特色区	以奇峰怪石的花岗岩山岳、原生植被为代表的自然景观和以宗教文化、红色文化、淮源文化为代表的文化景观
12	长江三峡 - 武当山国家魅力特色区	以完整的垂直自然带谱、生物多样性、壮丽的江河峡谷为代表的自然景观和以道教古建筑群、荆楚巴蜀秦汉复合文化为代表的文化景观
13	武陵山区国家魅力特色区	以砂岩景观、溶洞峡谷为代表的自然景观和以少数民族古村落、民族风情为代表的文化景观
14	幕阜 - 九岭山国家魅力特色区	以湖泊、独特的中山地貌为代表的自然景观和以宗教文化为代表的文化景观
15	罗霄山岭国家魅力特色区	以丹霞地貌、多样性丰富的亚热带原始森林为代表的自然景观和以红色文化、考古遗迹为代表的文化景观
16	喀斯特国家魅力特色区	以喀斯特地貌、高山湿地、亚热带植被为代表的自然景观和以少数民族风情、村寨为代表的文化景观
17	海南岛国家魅力特色区	以海岸、沙滩、岛礁、热带原始森林为代表的自然景观和以古城遗址、名人遗迹、南国风情为代表的文化景观
18	川西国家魅力特色区	以高山冰川、山谷草原为代表的自然景观和以蜀文化、新石器文化、道教文化为代表的文化景观
19	赤水河国家魅力特色区	以丹霞地貌、瀑布群、竹海、湖泊、原始森林为代表的自然景观和以宗教文化、红色文化为代表的文化景观
20	滇西南边境国家魅力特色区	以热带雨林、火山、地热、江河、岩溶为代表的自然景观和以少数民族风情为代表的文化景观
21	三江并流国家魅力特色区	以高山峡谷、雪峰冰川、高原湿地、地质遗迹、森林草甸、稀有动植物、世界最丰富的温带生物多样性为代表的自然景观和以少数民族风情为代表的文化景观
22	藏南谷地国家魅力特色区	以高原河流、河谷、垂直植物景观为代表的自然景观和以藏源文化、藏传佛教文化、藏民族风情为代表的文化景观
23	秦岭国家魅力特色区	以俊峰、幽谷、生物多样性为代表的自然景观和以古陵墓群、古遗址遗迹、石刻碑刻为代表的文化景观
24	河西走廊国家魅力特色区	以风积地貌、沙漠、绿洲、高山冰川为代表的自然景观和以历史遗迹、古城、石窟、壁画为代表的文化景观
25	青海湖国家魅力特色区	以特大型高原湖泊、冰原台地、现代冰川为代表的自然景观和以昆仑文化、羌藏文化、古城遗址等为代表的文化景观

续表

编号	国家魅力特色区	典型景观资源
26	阿尼玛卿山国家魅力特色区	以高山冰川、高原湖泊、稀有动植物为代表的自然景观和以佛教文化、神话传说、藏民族风情为代表的文化景观
27	六盘山国家魅力特色区	以丹霞地貌、山丘谷地为代表的自然景观和以石窟、宗教文化、黄土高原民俗风情为代表的文化景观
28	天山国家魅力特色区	以完整的植物垂直景观带、雪山冰川、高山湖泊为代表的自然景观和以神话传说、宗教文化为代表的文化景观
29	帕米尔 - 天山国家魅力特色区	以河谷、沙漠、戈壁、冰川为代表的自然景观和以佛教文化、古遗迹、古墓葬、岩画、少数民族风情为代表的文化景观
30	阿尔泰山国家魅力特色区	以奇绝的雅丹地貌、深水湖泊、森林、草原、冰川为代表的自然景观和以传统村落、岩画、少数民族风情为代表的文化景观
31	环太湖国家魅力特色区	以辽阔湖泊、湿地为代表的自然景观和以人工水利工程等为代表的文化景观
32	环鄱阳湖国家魅力特色区	以辽阔湖泊、湿地为代表的自然景观和以人工水利工程等为代表的文化景观
33	环洞庭湖国家魅力特色区	以辽阔湖泊、湿地为代表的自然景观和以人工水利工程等为代表的文化景观
34	白洋淀国家魅力特色区	以湿地为代表的自然景观
35	辽东半岛海滨国家魅力特色区	
36	秦皇岛 - 北戴河国家魅力特色区	剥蚀平原、海积平原、低山区等多样性的地貌类型；丰富的植物资源和动物资源
37	胶东半岛海滨国家魅力特色区	曲折多姿的海湾岬角、丰富的自然景观与文化景观
38	崂山 - 青岛海滨国家魅力特色区	以山海奇观、天象奇观、山林景观、奇峰荟萃、人文景观构成了雄伟壮美、离奇多变的天然之美
39	舟山 - 象山海洋海岛国家魅力特色区	以"东海鱼仓"和"海鲜之都"闻名
40	青云十八重溪国家魅力特色区	以峡谷瀑布、奇峰怪石为主要景观

（来源：全国城镇体系规划（2018 ~ 2035））

结合自然遗产和文化遗产，在国家层面规划了约 40 个左右的国家魅力景观区（郑德高，2017）。东北地区依托大小兴安岭和长白山脉，以森林草原为景观特色，建设包括大小兴安岭魅力景观区、长白山脉魅力景观区、大燕山魅力景观区等。东部地区依托平原地区和地貌丰富的丘陵地带，包括洪泽湖魅力景观区、大黄山魅力景观区等。中部依托二级阶梯复杂多变的地形地脉，包括秦岭魅力景观区、武陵山脉魅力景观区等；西部依托青藏高原、天山山脉等建设魅力景观区，包括三江并流魅力景观区、藏西南谷地魅力景观区等（详见表 5.6）。

在所提出的魅力景观区尚未得到国家正式文件的认可前，从区域平衡发展的角度，从国家城镇化的高度出发，在城镇密集地区之外可以发展特色化的、有魅力的地区，这也是一种国家层面的战略。但其发展内涵、发展机制还需要进一步的研究和探索。

5.4　中国新经济地理格局：浮现的巨型城市区域

前文论述表明，新区域主义的崛起下，等级化、网络化和地域化正在塑造中国的新经济地理空间。在城镇密集地区，全球城市和国家中心城市正在崛起，网络化下的多个城市群也在逐步形成。在非城镇密集地区，魅力景观区也正逐步得到认可。

"城市群是中国城镇化的主体形态"，但城市群发展突破了传统的省域经济与行政区经济，并且从城市群走向泛区域的发展成为必然，多个城市群扩展而成的巨型城市区域将成为中国经济、人口集聚的主要空间形态。因此，随着等级化、网络化力量的交织，中国区域空间面临新一轮的重构，巨型城市区域是国家之间竞争和发展又一区域经济地理现象，要引起重视。下文将重点论述多种力量作用下的中国巨型城市区域。

因此，基于 2000 年和 2010 年的全国人口普查数据，参考 2015 年全省的人口数据，对全国各县市的城镇人口增长情况进行预测，以期对未来中国未来的城镇空间格局进行模拟。首先，考虑到中国过去处于快速城镇化的阶段，按照城镇化发展的一般规律，全国的城镇化年均增长速度将开始下降。而且中国作为人口大国和农业大国，将来的城镇化水平将保持在一个相当稳定的水平，大约在75% ~ 80% 左右。同时结合目前各地区的经济发展水平和发展趋势，对全国的城镇空间格局进行预测与模拟。最后，以建国百年为预测期，届时中国的城镇空间格局将逐渐趋于稳定。

不难发现，中国胡焕庸线以东地区的城镇空间将呈现连绵的态势（胡焕庸，1935）。因此，在国家三大空间战略的引导下，中国的多向开放格局将逐渐形成，对外开放格局影响国内的空间经济地理，泛京津冀、泛长三角、泛珠三角、成渝黔滇、长江中游 - 中原地区五大巨型城市区域在未来的发展中将有着重要地位。与《美国2050》提出的巨型城市区域类似，中国的五大巨型城市区域是国家竞争力的代表，是人口和经济高度密集地区，也是全国创新和文化的中心，是经济高度一体化的地区。

五大巨型城市区域同样呈现出典型的等级化和网络化特征。首先，以全球城市和国家中心城市等为核心，一批都市圈、都市区和中小城市组成的等级化城市体系成为巨型城市区域的基本组织单元。其次，功能的多中心是巨型城市区域最本质的特征，功能的多中心关键是中心之间基于人流、信息流的关联网络，不同规模的城镇之间要形成紧密关联网络，关联网络的高低也是界定城市群或巨型城市地区主要依据，这种功能性联系主要建立在以企业内部连接为基础的高端生产性服务业上，更多强调信息流动和公司组织的多中心。第三，伴随着高铁网络、城际网络、市郊铁路等交通设施的推进，巨型城市区域正在逐步形成更高水平的一体化地区。

5.5 小结

国家的区域发展政策的核心是期望不同的区域实现再平衡，从而带来经济地理的重塑。再平衡的核心主要包括三点：一是在等级化和网络化作用下，国家在城市体系中会形成新的城市网络体系，尤其在新经济的作用下，城市体系会带来新一轮的经济地理重构而再集聚，一些新的全球城市（或者国家中心城市）会进一步崛起，并在全球城市体系和区域辐射带动方面发挥作用。二是随着网络化的延展和联系强度的强化，经济地理空间再集聚和再扩散同时形成，在国家层面会形成 5 个左右的巨型城市地区，以及多个城市群，未来国家之间的竞争更多的是巨型城市地区之间的竞争。

区域之间发展不平衡还体现在城镇密集地区和非城镇密集地区之间不平衡。因此，非城镇密集地区的发展要通过地域化（或全球本土化）的方式来促进不同类型地区之间再平衡。具体而言，通过自然资源和人文资源的评价识别国家魅力发展地区，挖掘地域文化要素，彰显地域文化价值，实现特色发展道路。在实现路径上，可以借鉴日本"魅力观光区"的经验，在中国国土上形成国家层面的魅力特色区，基于良好的生态资源、人文资源和乡村资源，通过旅游休闲、绿色产品以及新经济的发展来实现"绿水青山就是金山银山"的新发展范式。

第6章

等级化：长三角价值区段、分层城镇化与空间分区

6.1　长三角地理空间范围

当前关于长三角范围的表述有多种，一般来说，主要有两个概念，一是长三角或长三角区域或长三角地区；二是指长三角城市群，主要是指在长三角范围内，城镇间相互连接更加密集且连绵的地区。

就长三角地区而言，根据国务院 2010 年批复的《长江三角洲地区区域规划》长三角包括两省一市，即上海市、江苏省和浙江省。面积约 21 万平方公里，占国土面积约 2%，人口总量约 1.56 亿（2010 年第六次人口普查数据），占全国总人口的比例约 11%，占全国经济总量的 20%。长三角地区 2% 的面积，11% 人口，20% 的经济总量，反映了这个地区的经济、人口与地理特征，较少的面积，较多的人口与更多的经济总量。随着安徽省逐渐与两省一市的联系越来越紧密，2010 年开始长三角经济协调会逐渐把安徽的一些城镇如合肥、马鞍山、淮安纳入，长三角的区域范围逐渐扩大，住建部在编制的《长三角城镇群规划》中，也提出了把三省一市作为长三角的规划范围，因此，现在长三角区域的范围一般包含了三省一市。就长三角城市（镇）群而言，根据 2016 年国务院批准的《长江三角洲城市群发展规划》，长三角城市群包括 26 市，国土面积约 21 万平方公里，总人口约 1.5 亿人（表 6.1）。

从自下而上发起的长三角经济协调会而言，长三角的范围经历过一个逐渐范围扩大和演变的过程。1992 年由长三角范围内的 14 个城市经济协调委员会发起、组织成立长江三角洲协作办（委）主任联席会，建立地区之间经济联合、协作与促进可持续发展的机制，每年开一次会议。1997 年，加入江苏省的泰州市，共15 个城市，组成新的主要集中于经济协调发展的组织，并更名为"长江三角洲城市经济协调会"，并召开了第一次长三角经济协调会议。此后这个范围逐渐扩大，2010 年，把安徽的合肥与马鞍山纳入，协调会的成员达到 22 个城市。2017 年，长江三角洲城市经济协调会第 17 次会议召开，来自沪、苏、浙、皖 30 个成员城市的市长齐聚一堂，以"加速互联互通，促进带状发展——共推长三角城市一体化"为主题，共商区域发展大计，共庆协调会成立 20 周年。2018 年，长三角协调会第 18 次市长联席会议在浙江省衢州市举行。会议审议通过了吸纳铜陵、安庆、池州、宣城加入长三角城市经济协调会的提案。至此，历经 4 次扩容长三角协调会成员单位达到 34 个。

为了便于全面观察长三角区域地理空间演变的态势，除必要的说明或者根据参考文献所特指的地区外，文中所指长三角范畴主要为上海、江苏、浙江、安徽三省一市的范围。

长三角城市群空间范围演变历程　　　　　　　　　　　　　　　表 6.1

年份	区域会议 / 规划	范围
1992 年	长江三角洲 14 城市协作办主任联席会成立	上海、无锡、宁波、舟山、苏州、扬州、杭州、绍兴、南京、南通、常州、湖州、嘉兴、镇江
1997 年	第 1 次长三角经济协调会	加入新设立的泰州市共 15 个城市
2003 年	第 4 次长三角经济协调会	加入台州市共 16 个城市
2010 年	第 10 次长三角经济协调会	加入合肥市、马鞍山市、盐城市、金华市、淮安市、衢州市，共 22 个城市
2014 年	第 13 次长三角经济协调会	加入芜湖、淮南、徐州、连云港、宿迁、滁州、丽水、温州，共 30 个城市
2018 年	第 18 次长三角经济协调会	吸纳铜陵、安庆、池州、宣城共 34 个城市
2007 年	长江三角洲城镇群规划（住建部编制，未审批）	三省一市
2010 年	长江三角洲地区区域规划（发改委编制，国务院审批）	两省一市
2016 年	长江三角洲城市群发展规划（发改委编制，国务院审批）	26 个城市

6.2 产业链与价值区段的分析

6.2.1 城镇功能等级的分析方法

研究城市功能的方法有很多，包括行业分析方法、价值区段分析方法，以及集聚与扩散的分析方法，从而判定城市的功能以及城市在区域中的地位。过去的研究方法主要集中在行业分类，通过界定哪些行业是为城市本身服务的，哪些行业是为城市之外的区域服务的，区域服务能力越强，反映该城市在区域中的地位和作用越高。之后的研究转向针对城市的常规性行业和非常规性行业，所谓常规性行业是指不需要太多创新的行业，比如一般制造，而非常规性行业主要是指那些完全需要创新推动的行业，比如创新研发关联度高的行业，城市的非常规性行业越多，反映城市的创新能力越高。

与此同时，功能的"集聚与扩散"成为研究区域产业结构演变的重要方法，更多是反映城市核心区与周边地区的功能关系与动态演变。"集聚与扩散效应"是"核心 - 边缘"理论的核心观点之一，即当核心区发展到一定水平时，边缘区将从核心区获得发展要素，并逐步达到核心区水平。在集聚与扩散的过程中，各个城市逐渐形成了自己的功能特征，提升功能能级，并逐渐形成了自己的价值区段，不同的价值区段意味着城市不同的功能能级。本文测度近年来长三角经济产业的集聚与扩散规律，并在此基础上，归纳总结扩散效应下长三角地区经济空间格局的变化特征。

城市的"价值区段"是最近几年学界兴起的对城市功能研究的重要方法，唐子来（2010）从关联网络和价值区段方法对长三角区域的城市体系演化进行了分析，认为在全球城市网络和国际劳动分工的"价值区段"中，一些全球城市或世界城市处于价值区段的高端，而更多的城市则是跨国公司的制造基地，主要处于价值区段的低端。如何界定不同城市的价值区段，唐子来（2010）将长三角的城市分为6个产业部类：生产性服务业、其他服务业、技术密集型制造业、资本密集型制造业、劳动密集型制造业和农业。并认为在长三角分析的15个城市中，按照其价值区段可以分为5种类型，第一层级为上海、南京和杭州，以生产性服务业和技术密集型产业为主导；第二层级的城市为苏州，以技术密集型产业为主导；第三层级的城市为宁波、无锡、常州、镇江、扬州和泰州，以资本密集型产业为主导；第四层级的城市为南通、嘉兴、湖州和绍兴，以劳动密集型产业为主导。第五层级的城市为舟山，以农业产业为主导。并认为从1996年到2005年，长三角区域的城镇体系正在从"行业类型"为特征的空间经济结构向以"价值区段"为特征的空间经济结构转变。

6.2.2　功能的集聚与扩散分析

不同的功能在长三角的集聚与扩散过程中呈现不同的空间特征，本文以制造业、服务业等不同产业的投资规律来分析长三角不同空间的功能等级。

为了便于分析，把长三角的制造业分为一般制造业和以技术密集与资本密集为主的高端制造业，通过对比不同年份、不同区县二产投资比重变化和高新技术产业的产值，可以看出，在长三角，一般制造业呈现明显的扩散趋势，而高端制造业既有进一步的集聚，也有扩散的特征。

从2008～2010年期间长三角地区各区县制造业投资比重的变化（图6.1），可以明显看出，苏北、苏中、安徽的皖江城镇带二产投资比重明显高于长三角其他地区，工业化成为这些地区的主要经济发展动力，也是长三角制造业重点转移与承接的地区。

而比较2011年长三角各地区高新技术产业总量，又可以明显看出，长三角的高新技术产业还主要集中在核心地区，产值最高的是在上海、苏州和无锡地区。高新技术产业比重次之的地区主要是杭州、南京、合肥、宁波、绍兴以及苏中的大部分地区。其他地区高新技术产业相对较弱。所以从高新技术产业在长三角的空间分布来看，存在明显的核心-潜力-外围地区的模型。

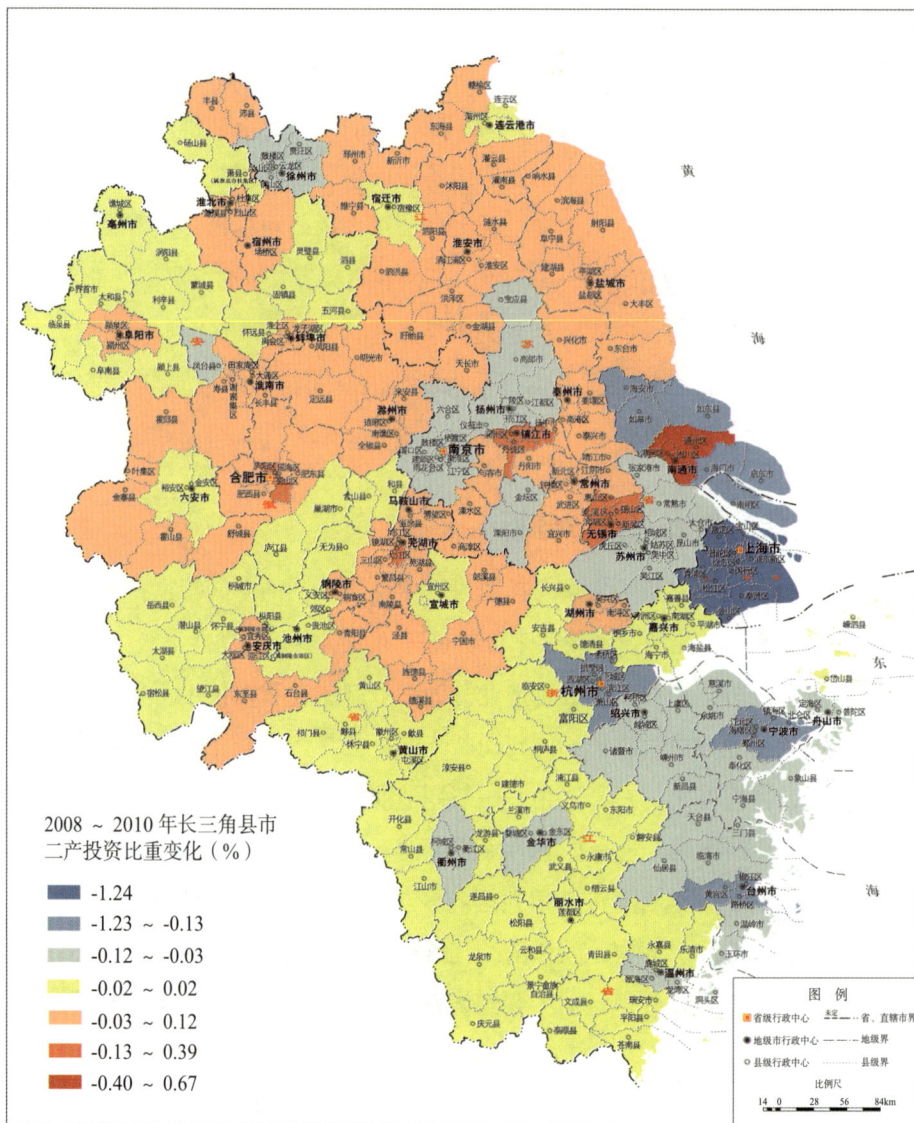

图 6.1　2008 ~ 2010 年县市二产投资比重变化

（来源：长三角巨型城市区域发展研究 ❶）

---

❶ 住房和城乡建设部 2017 年科学技术项目计划 - 城镇化与城乡建设软科学研究项目（项目编号：
2017-R2-008）"长三角巨型城市区域发展研究"

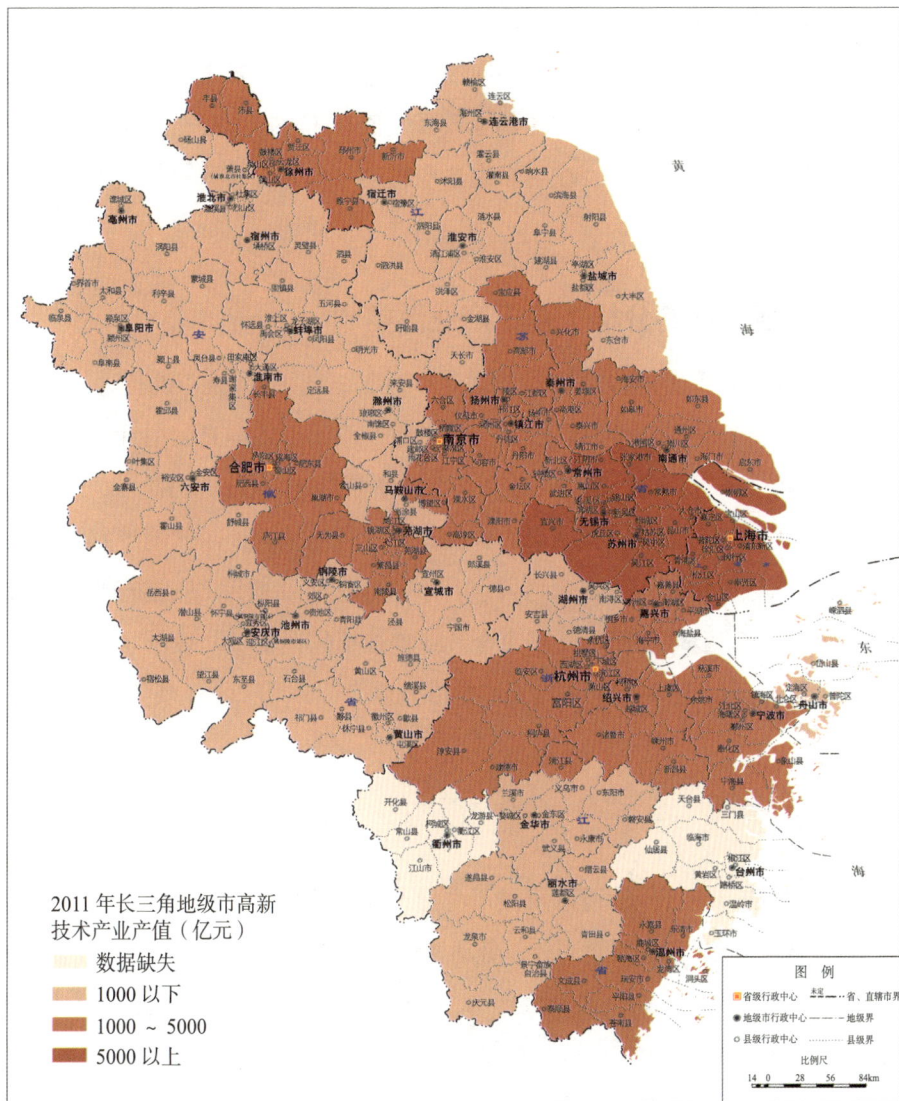

图 6.2　2011 年长三角高新技术产业产值

（来源：同图 6.1）

　　从服务业来看，长三角出现了高端服务集聚、生产向外围扩散的特征。如目前总部在上海、生产在安徽的格局开始显现，联合利华等跨国企业把研发总部放在上海，在安徽布局自己的生产基地；再如核心区范围内张家港的华芳纺织向蚌埠转移，但同时蚌埠的科研院所也在向江浙沪地区迁移。未来核心区将逐步成长为长三角建设全球城市群核心功能的承载区。核心区承担的功能主要是生产性服务业，另外就是高端制造业，在后面论述中将进一步分析长三角各城市的价值区段的典型特征。

6.2.3　价值区段的分析：基于产业部类

唐子来（2010）引用价值区段的理论，对长三角15个城市的价值区段进行了分析。目前长三角的产业链已经延伸到三省一市，因此本文运用价值区段的方法，对长三角（三省一市）整体的价值分层分级进行进一步的研究。

功能等级的研究主要依据城市的各类产业所占比重偏离区域同产业占比平均值的标准差倍数确定城市的价值区段。其中：V_a^i 表示 a 城市 i 产业的价值区段特征值；T_a^i 表示 i 产业增加值占 a 城市全产业增加值的比重；$\overline{q}_i$ 表示区域同产业占比的平均值；σ_i 表示区域同产业占比的标准差。

$$V_a^i = \frac{T_a^i - \overline{q}_i}{\sigma_i}$$

按照不同的价值区段，可以将城市主导产业类型分为：生产性服务业、技术密集型制造业、资金密集型制造业、劳动密集型制造业和其他（包括一般制造业、生活性服务业、农业）。比较2000年与2015年长三角范围内不同城市的价值区段类型（图6.3、图6.4），判断不同价值区段的城市的演变特征。

同时，应用企业大数据平台，结合不同类型企业在不同城市的分布密度，定性判断不同价值区段的功能集聚与扩散演变特征，基于这些分析方法，我们可以发现以下一些判断。

生产性服务业

技术密集型制造业
资金密集型制造业
劳动密集型制造业

其他：一般制造业

生活性服务业
农业

图6.3 2000年长三角不同城市的价值区段分层示意图

（来源：长三角巨型城市区域发展研究）

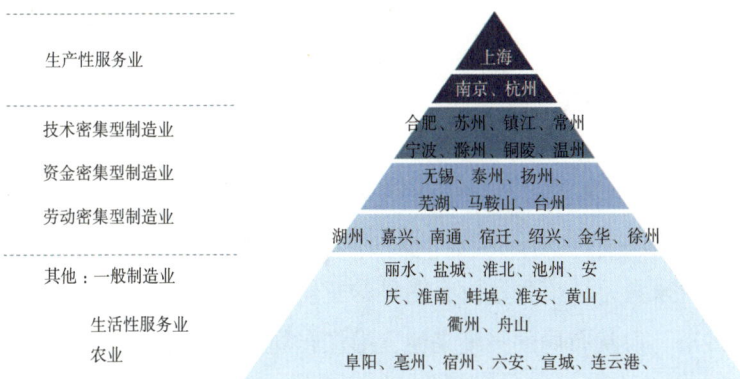

生产性服务业

技术密集型制造业
资金密集型制造业
劳动密集型制造业

其他：一般制造业

生活性服务业
农业

图6.4 2015年长三角不同城市的价值区段分层示意图

（来源：同图6.3）

（1）总体来看，长三角各城市的功能体系呈现明显的等级化特征，上海、南京、杭州以生产性服务业为主导的特征突出，明显处于价值链的高端，呈现了中心城市和门户城市的作用。在这三个城市中，上海在新一轮总体规划《上海总体规划2017～2035》中，上海的发展目标定位为"卓越的全球城市"，同时强调在上海上版总体规划中定位为四个中心，经济中心、金融中心、航运中心、贸易中心基础上，加上科创中心与国际文化大都市的建设。两版规划的不同表述，意味着上海不仅要成为长三角地区的功能中心，而且强调在全球城市体系中的控制能力和服务能力。卓越的全球城市主要强调在金融影响力、创新影响力、文化影响力和全球枢纽地位等方面占据支配地位。杭州和南京也在不断加强科技创新能力和生产性服务业的影响力，这是处于价值链高端的三个城市。总体来看，生产性服务业呈现向第一层级的中心城市集聚的发展特征，特别是上海、杭州、南京等城市生产性服务业集聚度显著提高，其他中心城市宁波、苏州、无锡、常州、合肥的集聚度也在增强。

（2）长三角的城市中，比较2000年与2015年价值区段可以看出，处于技术密集型产业主导的城市明显增多。2000年处于技术密集型产业的城市主要包括杭州、合肥、苏州、镇江、常州、宁波、滁州7个城市，2015年则为合肥、苏州、镇江、常州、宁波、滁州、铜陵、温州8个城市，城市数量的增加也反映了技术密集型产业在长三角的扩散态势，以及集中连片发展的趋势。

（3）资本密集型产业，一般主要集聚在石化、钢铁、临港工业等产业类型，2000年资本密集性城市为无锡、泰州、马鞍山、淮北、台州、温州6个城市，2015年资本密集型城市则为无锡、泰州、扬州、芜湖、马鞍山、台州6个城市。从两年的比较来看，城市数量没有明显的变化，基本还是聚焦在沿着长江的城市和沿海的城市。但从布局的强度来说，沿江布局的强度在降低，沿海地区的强度在增加，反映了资金密集型产业沿海化的趋势。

（4）劳动密集型产业，从长三角来看，特别明显的以劳动密集型产业为主导的城市并不多，从2000年的分析来看，主要是湖州、嘉兴、南通、绍兴、金华5个城市。从2015年的分析来看，主要是湖州、嘉兴、南通、宿迁、绍兴、金华、徐州7个城市。虽然劳动密集型产业主导的城市并不多，但大数据统计的劳动密集型企业还是数量最多、分布最广的，劳动力密集型制造业呈现向长三角外围扩散的态势，尤其是南通、盐城等城市增长显著，而苏南处于这一价值区段的城市强度在减弱。

（5）一般制造业、生活性服务业与农业，从长三角来看，还是有大量城市的价值区段在一般制造业和农业的价值区段上，基本也都分布在长三角的外围地区。

这也表明长三角还是存在明显的核心-外围的关系。长三角也形成了高价值区段、中价值区段和低价值区段的垂直分工体系，长三角的分工也越来越明显，长三角也从传统的"产业分工"走向了"价值区段分工"。

（6）在长三角地区，总体来说呈现低价值区段向外围扩散，主要向苏北、浙西、皖江地区扩散，中价值区段功能向潜力地区集中，高价值区段功能向核心地区集聚的态势，长三角地区以"价值区段"为特征的垂直分工趋势正在显现。

6.2.4　价值区段的分析：基于工业化发展的不同阶段

（1）工业化发展阶段与层级

中国社会科学院《工业化蓝皮书：中国工业化进程报告》（陈佳贵，2009）将工业化进程分为前工业化、工业化初期、工业化中期、工业化后期和后工业化五个阶段，并认为中国工业化在 2010 年进入工业化中前半阶段（工业化综合指数为 66），到 2015 年进入工业化中期后半阶段（工业化综合指数为 84），在中国不同地区处于不同的发展阶段，其中长三角工业化水平最高（工业化综合指数为 98），处于后工业化阶段。此外，京津冀地区处于工业化后期后半阶段，珠三角和环渤海地区处于工业化后期前半阶段。虽然整体上长三角处于工业化后期，其实在长三角内部还存在着较大的发展差距，通过前面长三角价值区段的分析能看出，在长三角内部形成较为清晰化的等级化的产业结构，并形成完整的产业链条，只是不同的城市处于不同的价值区段，所以长三角不同城市或不同的区域仍然处于不同的发展阶段，不能笼统地说长三角地区处于后工业化阶段。本次研究对工业化的不同阶段进行了进一步的分析。

将长三角范围内的 41 个地级市城市作为研究对象，选取两个指标评价各城市的发展阶段。分别为反映经济发展水平的人均 GDP，以及反映产业发展阶段的二、三产比重差。需要解释的是，根据对江苏、浙江、安徽等省的研究发现，历年第二产业比重与第三产业比重的差值呈现 M 形波动特点（郑德高，2011），论文在总结长三角工业化发展规律的基础上，首次提出工业发展的"M 形曲线"，以安徽省为例，安徽省工业发展的第一次高峰值在 1995 年，二产的比重与三产的比重之差最大，之后这个差值逐渐降低，在 2003 年二、三产业比重差最低，形成波谷，之后二、三产业比重差值又开始上升，二产再次超过三产，这是安徽省工业发展的"再工业化"现象（郑德高，2011），同时工业化发展在不同的时间段，其上升通道或下降通道与工业化阶段也能够较好地契合（图 6.5）。

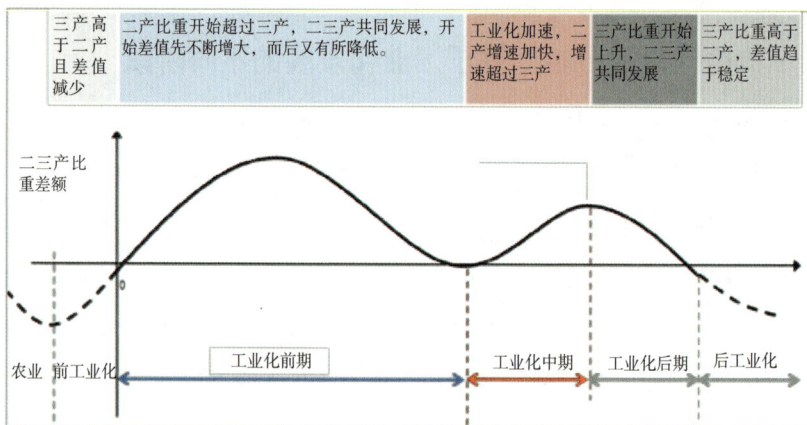

图 6.5　工业化发展阶段的"M"形曲线

（来源：郑德高 长三角地区转型发展新观察）

（2）基于经济发展水平的分析

研究选取 2011 年各市人均 GDP 值（按基于 2004 年汇率折算成人民币），按照钱纳里工业化阶段判断标准，划分为 >8 万元，4.7 万 ~ 8 万元，2.4 万 ~ 4.7 万元，1.2 万 ~ 2.4 万元和 <1 万元五档，分别对应后工业化、工业化后期、工业化中期、工业化初期和前工业化阶段。数据显示，长三角城市可分为四个层级：第一层级：>8 万元，包括上海、杭州、无锡、苏州等城市；第二层级：4.7 万 ~ 8 万元，包括常州、南京、宁波等城市；第三层级：2.4 万 ~ 4.7 元，包括盐城、徐州、台州等城市；第四层级：1.2 万 ~ 2.4 万元，包括阜阳、亳州、宿州等城市（图 6.6）。

2011 年常住人口人均 GDP（元）

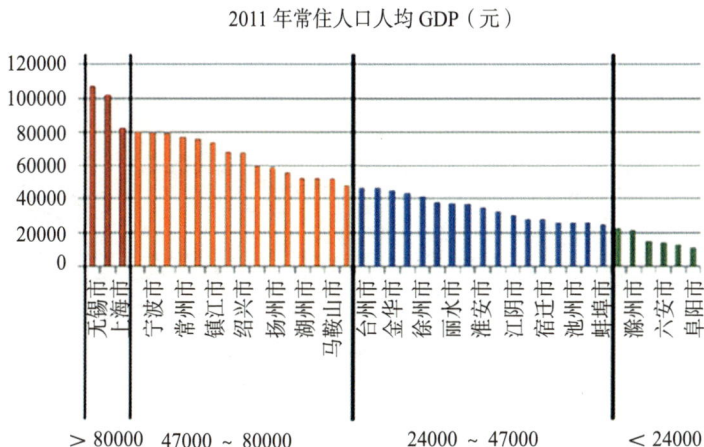

图 6.6　长三角各地市的常住人口人均 GDP 分布情况

（3）基于产业结构的分析

基于 2000 ~ 2011 年各省市统计年鉴的数据（图 6.7），对各市产业结构的变化进行判断。江苏省二、三产业的比重差整体进入下降通道，表明服务业的发展逐渐增强，制造业占 GDP 的比重开始下降。在江苏的不同地区中，苏南城市基本上在 2005 年以后进入二、三产比重差的下降通道，苏中和苏北城市在 2008 年以后进入二、三产比重差的下降通道，反映出江苏城市发展模式趋向一致，总体处于工业化中后期阶段、工业化进入转型提升阶段、服务业逐步提升的阶段。

从浙江的数据看，各市二、三产比重差整体变化较小，工业化二、三产差值也进入下降通道，2005 年左右大部分城市开始进入三产加速发展、工业化转型发展阶段，2008 年以后受全球金融危机的影响，工业化发展也开始进入转型发展、服务业加速发展的阶段。只有在舟山、丽水、衢州等工业化发展落后的地区，2005 年之后开始加大投资，加速工业化的快速发展。

从安徽的数据看，呈现整体的一致性和阶段的差异性。各市整体处于工业化阶段，二、三产业的差值逐年增加，明显进入再工业化阶段。尤其是皖江和

江苏省 2000～2011 年二、三产差值历年变化

图例：南京市　无锡市　徐州市　常州市　苏州市　南通市　连云港市　淮安市　盐城市　扬州市　镇江市　泰州市　宿迁市

浙江及上海 2000～2011 年二、三产差值变化

上海 173 计划

图例：杭州市　宁波市　嘉兴市　湖州市　绍兴市　舟山市　温州市　金华市　衢州市　台州市　丽水市　上海市

安徽省 2000～2011 年二、三产差值变化

图例：合肥市　淮北市　亳州市　宿州市　蚌埠市　阜阳市　淮南市　滁州市　六安市　马鞍山市　巢湖市　芜湖市　宣城市　铜陵市　池州市　安庆市　黄山市

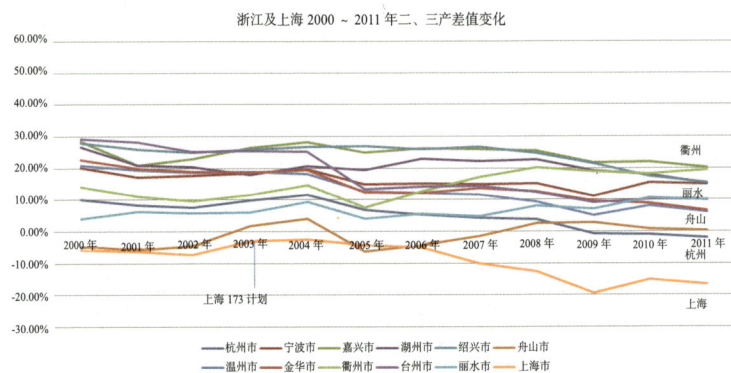

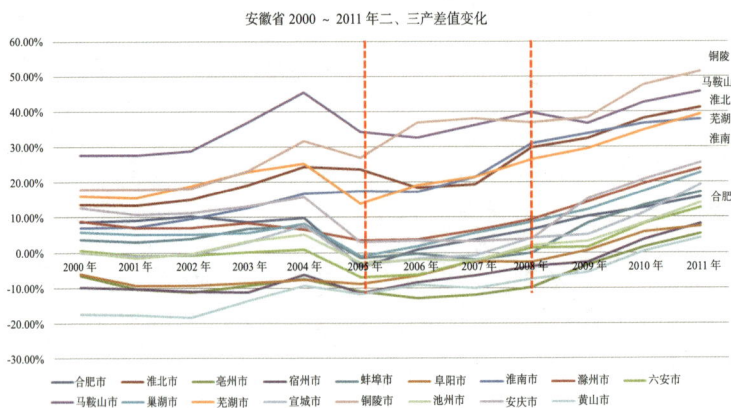

图 6.7　上海、浙江、安徽各地市 2000～2011 年二、三产比重差值变化情况

皖中地区的城市 2005 年开始新的一轮工业化，2008 年进入加速期。马鞍山、芜湖、铜陵、淮南、淮北是主要的工业城市。皖北的阜阳、亳州等城市刚进入工业化前期。

通过以上几种指标的分析，对长三角各个城市的发展阶段进行了判断，总体分为四个阶段：处于后工业化时期的包括上海、杭州 2 个城市；处于工业化后期的包括南京、苏州、无锡、宁波、常州、扬州、泰州、镇江、绍兴、湖州、温州、舟山 12 个城市；处于工业化中期的包括南通、合肥、马鞍山、铜陵、台州、芜湖、金华、衢州、徐州、盐城、丽水、淮安、连云港、宿迁、盐城、淮南、淮北、蚌埠、黄山、宣城、池州 21 个城市；处于工业化前期的包括安庆、滁州、宿州、六安、阜阳、亳州 6 个城市。

6.2.5　小结：完整的产业链与垂直分工的价值区段

总体表明在长三角内部，无论通过企业大数据的分析，还是通过工业化发展阶段的分析，长三角不同城市处于功能的不同价值链环节，表现为明显的等级化与层级结构，以及相对完整的产业链，这是中国区域经济地理空间布局的一个重要规律。这一点与发达国家的巨型地区不同，发达国家的巨型地区基本属于整体都处于后工业化阶段，而中国的巨型地区，是在同一地域分布内形成不同价值区段，并形成相对完整且价值区段垂直分工的产业链发展模式。

6.3　城镇体系与分层城镇化

6.3.1　城镇规模等级：相对平缓的位序 - 规模结构

长三角地区三省一市 2015 年人口总量达到 2.2 亿，其中江苏约为 8029 万，安徽约为 6255 万，浙江约为 5657 万，上海约为 2418 万。2015 年，6 个城市人口总量超过 800 万，其中上海 2415 万，苏州 1062 万，温州 912 万、杭州 902 万、徐州 867 万、南京 824 万。

总体而言，长三角人口的分层分布呈现出相对均衡的特征。根据第六次人口普查数据统计，三省一市的城市人口中有 31% 集聚在直辖市、省会城市与计划单列市；31% 的人口集聚在一般地级市；38% 的人口分布在县级市与建制镇。

从位序 - 规模结构看，长三角主要城市的规模呈现相对平缓的特征。将长三角与京津冀前 15 ~ 20 位城市进行对比发现，长三角的人口规模位序结构曲线更加平滑，而京津冀更加陡峭，反映了大中小城市更加协调发展的态势（图 6.8）。

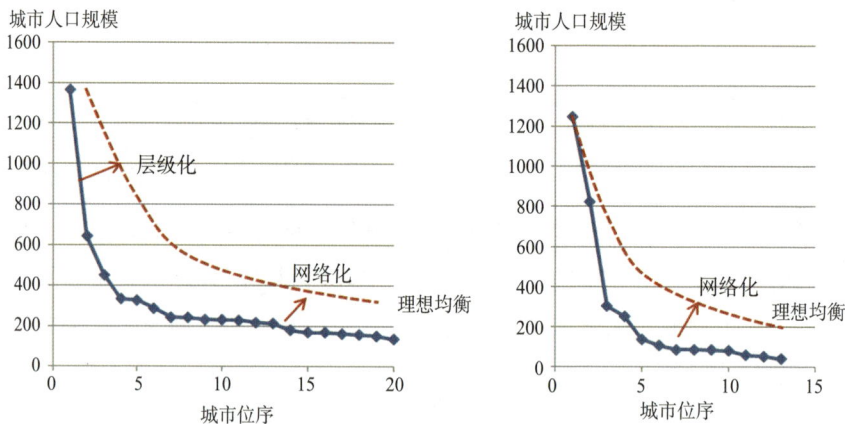

图 6.8　2015 年长三角（左）与京津冀（右）城市位序 - 城市人口规模的比较

（来源：根据 2016 年各城市统计年鉴整理）

从城市人口规模在前 15 位的城市分别在 2000 年、2010 年、2015 年的人口变化趋势看，第 5 至第 10 位城市的人口增长幅度在 40% ~ 50% 之间，增长幅度最大。随着近年来上海等超大城市人口规模增长的放缓，第二梯队的城市集聚效应增强，长三角城市群城市体系将呈现更加均衡的发展态势（图 6.9）。

这一发展态势很好地印证了全球化背景下等级化与网络化两种力量对城市体系的双重作用影响。具体而言，在等级化作用下，城市体系等级性更强，城市首位度高，更趋于单中心；城市间联系通常是一对多、单向的（one-way）。而在网络化作用下，城市体系更协调，城市首位度较低，更趋于多中心，且城镇间的联系通常是更均衡、双向的（two-way）的态势（Hall&Pain，2006）。这两种看似别扭的力量共同重塑城市体系的发展演化（图 6.10）。

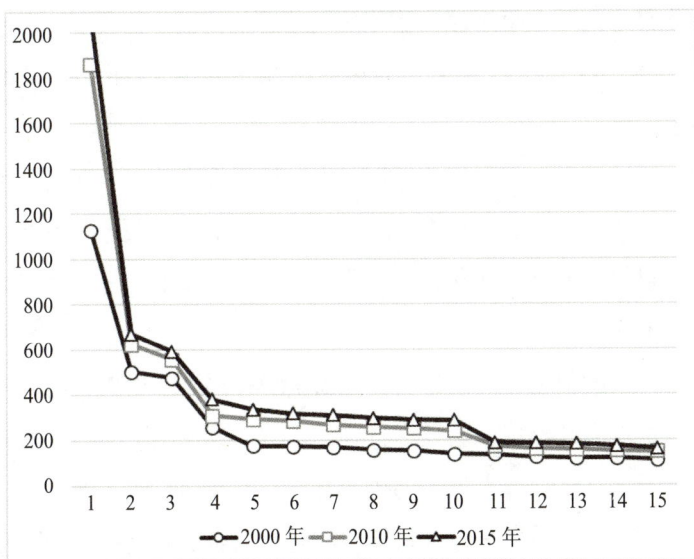

图 6.9　2000、2010、2015 年长三角前 15 位城市人口规模变化

（来源：上海、江苏、浙江、安徽统计第五次、第六次人口普查及 2016 年统计年鉴）

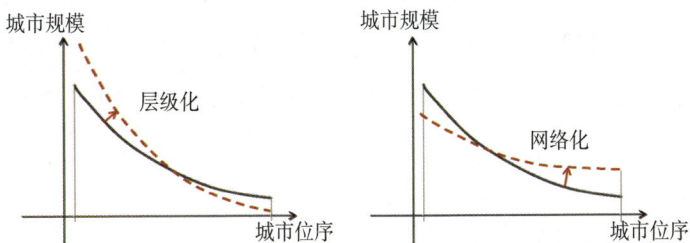

图 6.10　层级化与网络化作用力下的城市体系演变示意

6.3.2 分层城镇化特征：向大城市与县域两端集聚

近年来，长三角地区人口增长明显，对人口集聚的吸引能力不断增强。与2000年相比，整个长三角的人口都是在增长的，2000～2005年年均增长165万，2005～2010年年均增长259万，2010～2015年年均增长103万，相比2010年，人口年均在降低，但在2015～2017年，年均增长又有所上升到143万。

从人口集聚方向看，呈现较为明显的两端增长特征。比较2000～2010年各层级人口增长情况可以发现，人口增量中的42%集聚在大城市以上层级，33%增长在县城与小城镇。

人口向大城市流动一定程度上发挥了人口集聚规模效应。在大城市除了规模效应外，还有更高的匹配度。但是在人口流动和城镇化的过程中，由于各种因素，包括严格的户籍管理制度、文化方面的原因，包括子女上学等，很多人口也倾向于向县城的城镇化。

依据三省一市的数据，可以看出，江浙皖三省都体现出人口向大城市和县城流动的趋势。虽然有些经济学家强烈批判，但"用脚投票"的结果就是如此，一部分人流向大城市，一部分人流向周边的县城。不同的是，江浙两省由于城镇化水平较高，县城人口规模较大，人口体现出向特大城市和20万～50万左右的县城流动的趋势。而安徽省由于城镇化发展程度相对滞后，县城规模相对较小，人口体现出向大城市和20万以下县城流动的趋势。

上海作为超大城市，城市人口也从2000年的1449万上升到2010年的2056万，增长近600万人，也反映出人口向大城市集聚的趋势。相对而言，50万～100万人口的中等城市以及建制镇发展速度相对较慢，有许多建制镇由于不断并入中心城区或县城，处于不断减少的状态。

6.3.3 各省分层城镇化特征与态势

（1）江苏省：向大城市和县城集聚

2010年，江苏省形成了多层级的城镇规模等级体系。人口在100万以上的大城市和特大城市有 8 个，包括南京、徐州、无锡、常州、苏州、淮安、南通、扬州；
人口在 50 万 ~ 100 万的中等城市有 9 个，包括连云港、盐城、镇江、泰州、宿迁、
江阴、宜兴、常熟、昆山；人口在 20 万 ~ 50 万左右的小城市有 34 个，主要是县城；
人口在 20 万以下的县城有 11 个；此外，还有 799 个建制镇（表 6.2）。

江苏省城镇规模结构（2010 年）　　　　表 6.2

规模（万人）	城市数量	城镇人口		城市名称
		数量（万人）	占比（%）	
≥ 100	8	1694.55	34.66	南京、徐州、无锡、常州、苏州、淮安、南通、扬州
100 ~ 50	9	642.04	13.13	连云港、盐城、镇江、泰州、宿迁、江阴、宜兴、常熟、昆山、
50 ~ 20	34	911.38	18.64	沛县、睢宁、新沂、邳州、溧阳、张家港、吴江、太仓、海安、如东、启东、如皋、海门、赣榆、东海、灌云、涟水、盱眙、滨海、阜宁、射阳、建湖、东台、宝应、仪征、高邮、丹阳、兴化、靖江、泰兴、姜堰、沭阳、泗阳、泗洪、
<20	11	172.35	3.52	溧水、高淳、丰县、金坛、灌南、洪泽金湖、响水、大丰、句容、扬中
	799	1469.04	30.05	略
合计	861	4889.36	100	

（来源：江苏省城镇发展报告，江苏省城市/村镇建设年报，各城市总体规划）

　　从分层集聚特征看，2000 ~ 2010 年，江苏省同样呈现向大城市和中等规模县城流动的特征。大城市和县城同样成为江苏省城镇化的主要载体。对比 2000 年和 2010 年全省各级城市城镇人口占全省的比重变化，大城市和县城增长显著，其城镇人口在全省的比重上升明显。大城市从 2000 年的 21% 上升到 2011 年的 34.7%；而人口在 20 万 ~ 50 万的 I 型小城市（主要是县城）从 2000 年的 8.6% 上升到 2011 年的 18.6%；中等城市略有增长，从 2000 年的 11.5% 上升到 2011 年的 13.1%；II 型小城市和建制镇比重有所下降。由此可见，与浙江一样，江苏城镇人口也出现向大城市、向部分发展较好的县城集中的趋势。但与浙江相比，江

苏镇人口所占的比例更高。2000～2011年，江苏建制镇也下降了6.6%，但占比仍维持在30%的水平（图6.11）。

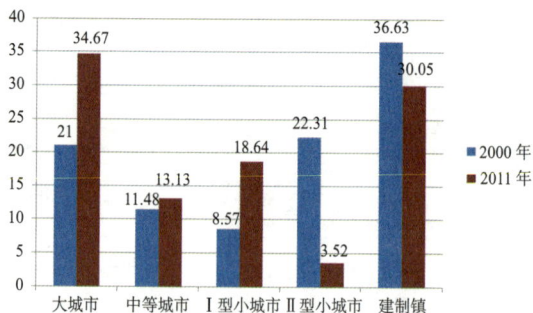

图 6.11　2011年江苏省各级城镇人口占比与2000年的变化（%）

（2）浙江省：城镇化人口向大城市与县城集聚

浙江人口增长也呈现了向两端增长的特征，100万人口以上的大城市和20万～50万人口的县城也成为人口流动主要对象。2010年，浙江省形成多层级的规模等级体系，即6个人口100万以上的大城市和特大城市，包括杭州、温州、宁波、绍兴、台州、慈溪；11个人口在50万～100万的中等城市，包括瑞安、义乌、湖州、嘉兴等；12个人口在20万～50万左右的Ⅰ型小城市，包括东阳、衢州、桐乡等；60个人口少于20万左右的Ⅱ型小城市，包括5个县级市城区，26个县城，29个镇（表6.3）。

2010年浙江城镇规模体系空间分布情况　　　　　　　　　　表 6.3

规模序列		城镇个数	主要包括城镇（县级以上）
大城市	（城镇人口数100万以上）	6	杭州市（558万）、温州市（269万）、宁波市（258万）、绍兴市（242万）、台州市（119万）、慈溪市（106万）
中等城市	（城镇人口数50万～100万）	11	瑞安市（93万）、义乌市（88万）、嘉兴市（76万）、温岭市（75万）、湖州市（75万）、乐清市（73万）、金华市（71万）、余姚市（67万）、诸暨市（61万）、舟山市（54万）、临海市（50万）

续表

规模序列		城镇个数	主要包括城镇（县级以上）
Ⅰ型小城市	（城镇人口数20万～50万）	12	东阳市、衢州市、桐乡市、海宁市、永康市、平湖市、嵊州市、丽水市、临安市、奉化市、兰溪市、江山市
Ⅱ型小城市	（城镇人口数小于20万）	60	略
建制镇		641	略

（资料来源：浙江省第六次人口普查、浙江省统计年鉴2011）

从分层集聚特征来看，2005～2010年，浙江省主要呈现向大城市和中等规模县城集聚的特征。大城市、20万～50万人口的小城市成为浙江省城镇化的主要载体。对比2000年和2010年全省各级城市城镇人口占全省的比重变化，可以看出大城市和Ⅰ型小城市增长显著，其城镇人口在全省的比重上升明显。大城市从2000年的22.5%上升到2009年的30.3%，而人口在20万～50万的Ⅰ型小城市（主要是县城和县级市）从2005年的14.1%上升到2010年的23.7%；中等城市、Ⅱ型小城市和5万人的小城镇的城镇人口比重有所下降。由此可见，浙江城镇人口出现向大城市、向部分发展较好的县城集中的趋势。建制镇从人口总量来看，仍然是城镇化的主要动力，但是其占总城镇人口的比例下降明显，从2000年占总城镇人口比例为33.8%下降到2010年的20%左右（图6.12）。

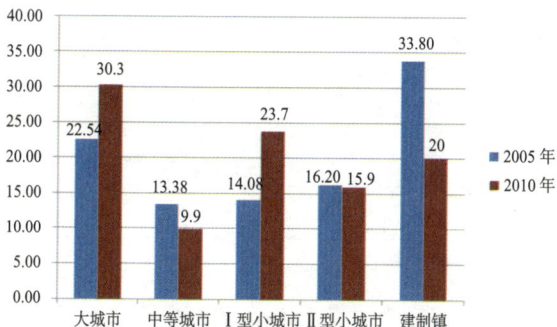

图6.12 2010年浙江省各级城镇人口占比与2005年的变化（%）

（来源：根据浙江省建设厅和各市总体规划数据整理）

（3）安徽省：向大城市与小城市集聚

安徽省主要呈现向大城市和县城为主的小城市集聚的特征。

2010 年，安徽省形成"4-5-10"的城市规模等级体系。即 4 个人口 100 万以上的大城市和特大城市，包括合肥、芜湖、淮南、蚌埠；5 个中等城市，包括淮北、马鞍山、阜阳、六安和安庆；10 个人口在 20 万~50 万左右的小城市，包括宿州、铜陵、滁州、巢湖、亳州、黄山、宣城、池州、太和县城和阜南县城；以及 59 个人口在 20 万以下的小城市（表 6.4）。

安徽省城镇规模与等级体系（2010 年） 表 6.4

规模序列		城镇个数	主要包括城镇（县级以上）
大城市	（城镇人口数 100 万以上）	4	合肥市（310 万）、淮南市（109 万）、芜湖市（147 万）、蚌埠市（104 万）
中等城市	（城镇人口数 50 万~100 万）	5	淮北市（86 万）、马鞍山市（74 万）、阜阳市（82 万）、六安市（60 万）、安庆市（76 万）
Ⅰ型小城市	（城镇人口数 20 万~50 万）	10	宿州市（49 万）、铜陵市（45 万）、滁州市（41 万）、巢湖市（42 万）、亳州市（46 万）、黄山市（42 万）、宣城市（36 万）、池州市（23 万）、太和县（20 万）、阜南县（22 万）
Ⅱ型小城市	（城镇人口数小于 20 万）	59	长丰县、肥东县、肥西县、濉溪县、涡阳县、蒙城县、利辛县、砀山县、萧县、怀远县、临泉县、颍上县、界首市、凤台县、全椒县、定远县、凤阳县、天长市、明光市、寿县、霍邱县、舒城县、当涂县、庐江县、无为县、枞阳县、宿松县、桐城市、灵璧县、泗县、五河县、固镇县、来安县金寨县、霍山县、含山县、和县、芜湖县、繁昌县、南陵县、郎溪县、广德县、泾县、宁国市、东至县、怀宁县、潜山县、太湖县、望江县、歙县、绩溪县、旌德县、铜陵县、石台县、青阳县、岳西县、休宁县、黟县、祁门县
建制镇		906	

（来源：安徽省建设厅和各市总体规划数据）

从分层集聚特征看，对比 2000 年和 2010 年全省各级城市城镇人口占全省的比重变化，可以看出大中小城市的城镇人口都在增长，其中大城市和县城增长显著,其城镇人口在全省的比重上升明显。大城市从 2000 年的 25% 上升到 2009 年的 26%,而人口在 20 万以下的Ⅱ型小城市(主要是县城)从 2000 年的 22% 上升到 2009 年的 27%;中等城市和建制镇的城镇人口比重有所下降。由此可见,安徽城镇人口出现向大城市、向县城集中的趋势(图 6.13)。

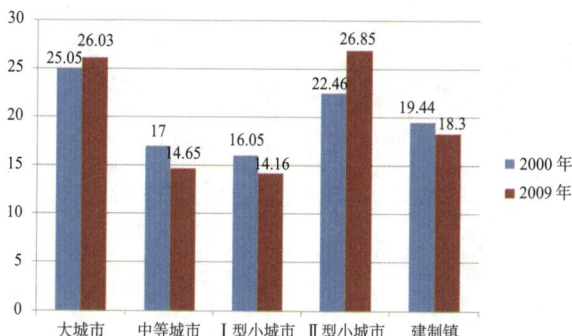

图 6.13　2009 年安徽省各级城镇人口占比与 2000 年的变化(%)

6.3.4　小结

从人口分层城镇化特征与态势看,长三角整体呈现相对均衡的规模等级结构与相对平缓的位序 - 规模的层级结构。等级化在长三角城市体系的演化过程中起到了较强的作用效果;而在全球化影响下,等级化与网络化两种力量共同促进了城市体系向着更均衡协调的方向发展。

长三角分层城镇化在地域空间上呈现出两种趋势。一方面,人口进一步向核心城市及其周边集聚,体现出上海都市圈、苏锡常都市圈、南京都市圈、合肥都市圈、杭州都市圈等地区,以大城市为核心形成的都市圈的吸引力在不断上升。另一方面,体现出县城作为本土城镇化的核心作用,如服务县域、促进农民就地城镇化等方面影响力在不断加强。

6.4 核心、潜力与外围的空间分区

从经济地理的角度来说，不平衡的经济发展也是发展过程中的正常现象，2009 年世界银行《重塑世界经济地理》首次利用密度（Density）、距离（Distance）和分割（Division）来描绘了世界经济地理的格局，以及如何实现经济地理一体化所需要的政策。经济学家探讨的是不平衡发展与和谐发展如何可以并行不悖。总体来说按照世界银行关于经济地理重构的描述，不平衡的经济地理表现为沿海化、城市化和城市群化三个方向。如何减少区域间发展的不平衡，世界银行并不是期望把政策工具（例如财政转移等）全部放到落后地区，而是建议通过"增加密度"、"缩短距离"和"减少分割"这种更加市场化的政策工具和手段。通过增加密度，本质上是集聚发展，以形成更大的城市、都市区和城市群。减少距离主要是建立更加紧密的相互关联网络与一体化方向发展，尤其减少欠发达地区与发达地区之间的差距。减少分割核心是打破行政区域对要素自由流动所形成的障碍，促进劳动力、资本、产品等方面的自由流动，通过流动来提高效益。从国家层面来说，长三角经济与人口的集聚是城市群化、沿海化和城市化发展的结果，同时在长三角内部，也存在核心区、潜力区和外围区的不同，而且这个不同的空间分区反映了长三角内部空间等级，以及其演变的机制。研究长三角的空间分区有助于研究长三角未来如何一体化发展。

在已有的研究基础上，基于聚类、场强模型、圈层联系以及基于 3D 理论对长三角的空间分区进行研究，总体认为长三角存在不同层面的空间分区，而且以此来看，长三角内部的不平衡在加大，距离长三角一体化还有很大的差距。

6.4.1 长三角经济空间分区的基础与研究方法

（1）基于聚类分析的方法

关于长三角空间分区研究一直是学者关注的焦点。吴志强等（2008）较早就对长三角地区进行了空间分区的研究，其主要基于对长三角城市群边界、重心和结构进行了重点分析，采用基于 238 个地理单元的行业就业空间分布与就业结构的聚类分析，并以都市区为核心的分区划分方式，揭示出长三角由核心地域（包含了高级服务业主导，以及二产主导）、次核心地域（三产主导、二产主导）、外围地域（三产主导、二产主导）、边缘地域（三产主导、二产主导），以及落后的边缘地区 5 大类 9 小类构成的经济空间结构。并认为长三角整体上分为 6 类地区（吴志强，2008）（表 6.5）：A1 和 A2 分别是三产较高的地区和二产较高的核心地区；B1 和 B2 分别是三产较高的次核心地区和二产较高的次核心地区；C1 和 C2 分别是二产主导的外围地区和三产主导的外围地区。同时认为长三角空间组合上出现四个结构特征。一是上海、苏州、无锡、常州等都市区构成了以上海为核心的城镇密集区，当前演变为上海大都市圈的范围；二是以南京为中心，所形成的宁镇扬泰都市圈，基本上也包含了安徽的滁州与马鞍山，这是沿长江城镇密集轴；三是沿杭州湾城镇密集轴，这一地区以杭州为中心，包含了宁波、绍兴、嘉兴等地区；四是形成相对独立的南通都市区，此外，也形成相对独立的以温州与台州为核心的浙南城镇发展区；其他城市包括合肥、盐城、淮安、衢州等节点由于还没有形成连绵的城镇地区，是长三角外围的城镇发展极。

长三角的六类空间分区 表 6.5

城市	所含县、市、区		
	核心地域	次核心地域	外围地域
南京市	A1：鼓楼，玄武，白下，建业，下关，秦淮	B1：浦口，雨花台；B2：大厂；	C1：栖霞
扬州市	A1：广陵		C1：邗江，仪征，郊区，江都
镇江市		B1：京口，润州	C1：扬中，丹阳
泰州市		B1：海陵	C1：高港，靖江；泰兴；姜堰
上海市	A1：南市，静安，虹口，卢湾，徐汇，杨浦，普陀；A2：黄埔，长宁，闸北	B1：浦东新区，嘉定 B2：宝山，闵行	C1：松江；南汇；金山；奉贤青浦

续表

城市		所含县、市、区	
	核心地域	次核心地域	外围地域
苏州市	A1：沧浪；A2：平江，金阊		C1：昆山，常熟，张家港，吴县，虎丘，吴江，太仓
无锡市	A1：北塘，南长；A2：崇安	B1：郊区	C1：江阴，锡山，宜兴 C2：马山
常州市	A1：天宁；A2：钟楼	B2 郊区；戚墅堰	C1：武进；金坛
南通市	A1：崇川		C1：港闸，通州，海门
杭州市	A1：上城，下城	B1：西湖，拱墅，江干	C1：滨江，萧山，余杭，富阳
宁波市	A1：海曙，江东	B1：镇海；B2：江北	C1：北仑，慈溪，余姚，象山，奉化，鄞州
绍兴市		B1：越城	C1：绍兴，上虞
舟山市		B1：定海	C2：嵊泗，普陀，岱山
嘉兴市			C1：秀城，海盐，海宁，平湖，嘉善，桐乡
湖州市			C1：市辖区
中观层次 温州市		B1：鹿城	C1：乐清，瓯海，平阳，苍南，龙湾，瑞安 C2：洞头
中观层次 台州市			C1：椒江，路桥，温岭，玉环，黄岩
中观层次 滁州		B1：琅琊	
中观层次 马鞍山		B1：花山，金家庄，雨山	C1：向山
外围	盐城、淮安、宿迁、合肥、巢湖、铜陵、黄山、衢州、金华等地级城市以及所辖的县		

A1：高级服务业主导的全球区域核心地域；A2：二产较高的核心地域；B1：三产主导的此核心地域；B2：二产主导的次核心地域；C1：二产主导的外围地域；C2：三产（旅游业）产主导的外围地域

（来源：吴志强，长三角整合及其未来发展趋势）

（2）基于场强模型的分析

沈惊宏等（2013）基于场强模型，根据扩散理论，构建了场对数扩散效应模型，基于"城市场"这一理念，运用大数据对长三角空间结构演变进行了分析，建构由内核城市群、邻接城市群和外缘城市群组成的核心 - 边缘结构三级城市群。其中内核城市群包括宁合城市群、沪苏城市群和杭甬城市群，它们是既相互独立又相互依存的有机统一体，是长三角最发达与产业结构层级较高的区域，它们是长三角经济区的发展动力源头，带动邻接区城市的发展；邻接城市群包括扬通盐城市群、滁淮蚌城市群、皖江城市群、金衢丽城市群和温台城市群，它们是内核城市群产业转移的首选地，从产业发展来说，这些地区主要是承接核心城市群的产业转移；外缘城市群包括皖西北城市群、徐连宿城市群和黄山旅游经济区，它们处于长三角边缘地带，产业发展相对落后，这些地区难以接收到核心区的产业转移，重点应该依托本地资源优势，发展特色产业。

（3）基于圈层联系的分析

在长三角地区，除了沿着交通廊道的轴线联系，还存在比较明显的圈层联系，李健、宁越敏（2006）通过因子分析方法分析长三角城市化发展的动力机制。最后形成区位、经济发展水平因子和中心城市集聚水平因子。各市距上海的距离与其城市化水平呈反比，各市经济发展水平与其城市化水平呈正比，而各市中心城区的人口与经济的集聚程度对其城市化水平也有一定的影响作用。并基于因子分析提出长三角三个圈层结构，其中内圈是以上海为核心，联合苏州、无锡构成的成长三角，这也是上海大都市圈的核心范围，影响范围扩张到北面的南通，西面的常州、湖州，以及南面的嘉兴。第二个圈层往外扩张，与南京和杭州相关联，构成长三角的第二个成长三角，同时南京、杭州由于其强大的中心城市职能，依据其辐射和带动能力，又构成了南京都市圈和杭州 - 宁波都市圈。南京都市圈也辐射到安徽的芜湖和马鞍山。除了内圈的沪苏锡和第二圈层宁沪杭两个成长三角外，长三角的外围地区可以拓展到苏北、浙南以及安徽沿江的城市。

顾朝林（2009）将长三角巨型城市区划分为核心层、中间层和外围层。其中核心层是指沪宁杭都市连绵区的地域范围，即由上海全球城市圈、南京与杭州全球城市亚区以及苏州与宁波全球城市子区构成的巨型城市区域；中间层是指南京和宁波辐射的地区；外围层是指围绕沪宁杭都市连绵区的一系列"外围城市"。

（4）基于 3D 理论的分析

基于 3D 理论，中国学者也针对中国的经济发展与长三角的不平衡做了研究。李燕、贺灿飞（2013）对长三角城市群 16 个城市进行了分析。在密度层面，主要考核人口和经济密度，人口密度主要用常住人口 / 总面积；经济密度主要用 GDP/总面积。市场距离分为国内市场距离和国际市场距离，国内市场距离主要指该城市到国内其他城市距离 / 各城市间距离的总和，国际市场距离是指到国际一级港口距离。整合，包括国际整合、国内整合和城市群内整合，国际整合主要包含进出口总额占 GDP 比重，以及实际利用外资占社会总投资比重；国内整合主要包含铁路货运量和航空货运量；群内整合主要指城市群内经济联系强度。如果三项指标都超过平均水平，则判定城市为 3D，意味着密度、距离和整合都有较好的水平，有的城市则为 2D 水平，或者 1D，甚至 0D。其主要结论认为长三角城市群经济密度保持在较高水平，但内部差距在拉大，这就意味着长三角核心 - 外围地区的发展差距在加大，不平衡的问题更加突出，这也说明长三角整合与一体化发展目前还是明显不够的。

（5）小结

综上所述，现有研究主要基于各类评价指标，尤其是通过经济指标的方法对长三角经济空间进行分区，建构由"核心 - 边缘地区"组成的长三角空间结构。同时，通过对比各研究成果可以发现，长三角经济空间结构存在着动态演变过程，整体表现为圈层外推趋势。首先，长三角核心区的范围在扩大，早期主要集中在上海 - 苏锡常城市连绵区，而近年研究表明甬 - 杭 - 沪 - 宁 - 合地区表现出连绵发展趋势，逐渐发展成为长三角城镇群核心区；第二圈层早期被界定为南京和杭 - 甬辐射地区，近年来外移至沿皖江、沿海、沿重要交通地区；边缘地区早期为苏中、浙中南和安徽东部近年来外移至苏北、浙南、皖北和皖南地区。总体来看，长三角核心 - 潜力 - 外围地区的边界在发生变化，但同时核心与外围地区的发展差距在增大，长三角一体化还任重道远。

6.4.2 基于人口－经济－空间视角下的长三角空间分区

为进一步揭示长三角地区的"核心‐潜力‐外围"空间分区特征，本文基于人口‐经济‐空间研究框架，选择了经济指标与人口指标两大类对长三角空间分区进行研究。经济指标包括人均 GDP、非农产业化率两个指标；人口指标包含了城镇化率、净流入人口数和大专以上人才比重，本文主要基于 2010 年的数据，以核心区为例，核心区的判定依据为对长三角持续观察和研究的主要数据，以 2010 为研究对象，年人均 GDP 大于或等于 4 万元、非农产业化率大于或等于90%、城镇化率大于或等于 50%、是否人口净流入地区、大专以上人才比重大于或等于 5% 等五项指标（尹俊，2015）（表 6.6），对长三角地区 1 个直辖市和 40个地级市进行综合判定，其中核心区要求以上 5 个指标均满足，它们是长三角地区经济发展和城镇化水平最高的地区。

核心区判定标准一览表 表 6.6

编号	指标类别	具体指标	核心区标准
1	经济指标	人均 GDP	≥ 4 万元
2		非农产业化率	≥ 90%
3	人口指标	城镇化率	≥ 50%
4		净流入人口数	≥ 0
5		大专以上人才比重	≥ 5%

"扩散效应"是"核心‐边缘"理论的核心观点之一，即当核心区发展到一定水平时，边缘区将从核心区获得发展要素，包括资本、劳动力从核心区转向周边地区，使这些地区具有较大的发展潜力。实际上，在前文分析中可以得出长三角地区已经进入扩散阶段，具体表现为投资扩散、产业转移、人口回流等多种方式，在核心区外围开始出现了若干工业化和城镇化的新兴增长极。潜力区的判别还是基于经济指标和人口城镇化指标，并按现状经济增速和城镇化发展趋势，五年内

能达到核心地区经济发展水平的城市（代表未来经济发展的主要方向），将这些地区划定为潜力地区（表6.7）。

潜力区判定标准一览表　　　　　　　　　　　　　　　　　表6.7

编号	指标类别	具体指标	核心区标准
1	经济：人均GDP	现状趋势下2015人均GDP	≥4万元
2	产业指标	现状趋势下2015非农产业化率	≥90%
3	人口城镇化指标	现状趋势下2015城镇率	≥50%
4	投资指标	投资比重占长三角的变化值	≥0

在长三角地区，除了核心地区和潜力地区，剩下的区域主要为外围区域，依据以上标准将长三角划分为核心区、潜力区和外围区三类地区（图6.14，表6.8），其中核心区包括上海为核心的"之"形地区，包括了12个城市，它们是长三角最为发达的地区，产业结构较优，城镇化水平高，人口净流入，高素质人才比重高。该地区大约集聚了长三角地区23%的土地、40%的人口和60%的经济总量。

潜力地区包括了长三角西部的合肥以及马芜铜地区；长三角北部沿海的连云港、盐城等地区，长三角南部的温台等地区，共14个城市，潜力地区主要是沿着长江发展廊道往上游拓展；江苏主要为沿海地区以及沿着连云港-徐州走廊，浙江省主要也包含了沿海地区，以及沿着沪昆走廊。潜力地区与当前各省确定的发展廊道地区高度吻合，如江苏沿海地区、安徽沿江地区等，该地区大约集聚了长三角地区34%的土地、34%的人口和30%的经济总量。

外围地区主要包括了安徽除了合肥和马芜铜以外的大部分地区，以及江苏的宿迁和淮安，以及浙江的丽水等地区共15个城市。这些城市基本都属于山区或传统农业地区，远离长三角核心区与区域发展廊道。该地区大约集聚了长三角43%的土地、26%的人口，但只集聚了10%的经济总量。

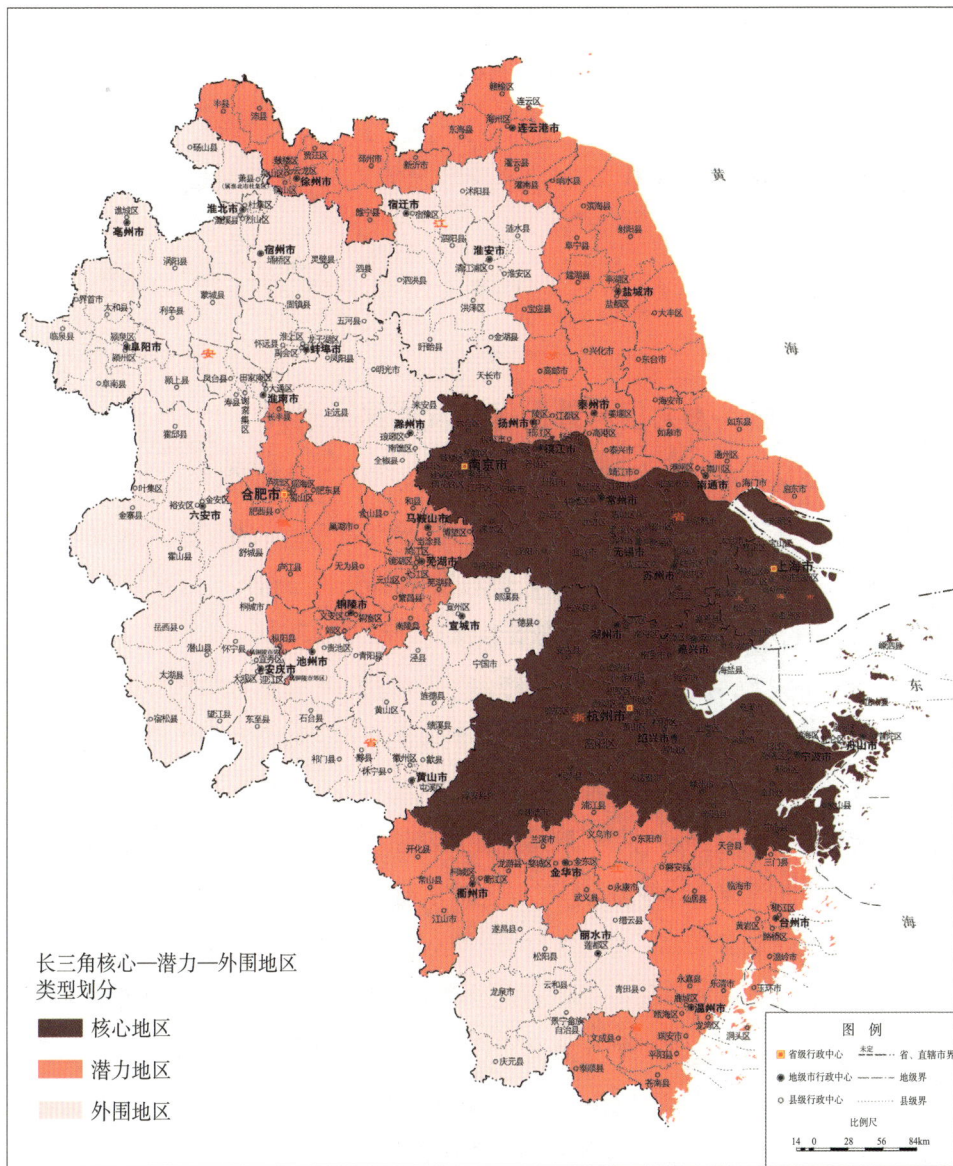

图 6.14 长三角核心－潜力－外围分区图

（来源：长三角巨型城市区域发展研究）

核心－潜力－外围分区一览表　　　　　　　　　　　　　　　　　表 6.8

核心地区（12）	上海、苏州、无锡、常州、镇江、南京、杭州、嘉兴、湖州、宁波、绍兴、舟山	土地：23% 人口：40% 经济：60%
潜力地区（14）	南通、泰州、扬州、连云港、盐城、徐州、合肥、马鞍山、芜湖、铜陵、金华、衢州、温州、台州	土地：34% 人口：34% 经济：30%
外围地区（15）	淮安、宿迁、丽水、蚌埠、淮南、淮北、安庆、黄山、滁州、阜阳、宿州、六安、亳州、池州、宣城	土地：43% 人口：26% 经济：10%

6.4.3　核心区、潜力区与外围区的发展路径研究

从产业结构来看，长三角开始从工业化后期向后工业时代转变，其中上海和杭州已经进入后工业时代，其他城市则处于工业化后期。从发展阶段来看，核心区从赶超经济向创新引领转变，按人均 GDP 计算，长三角核心区城市基本达到高收入国家水平，未来的发展主要依赖技术进步和创新。

在功能组织上，长三角出现了生产向外围迁移，高端服务向核心区集聚的特征。如目前总部在上海、生产在安徽的格局开始显现，联合利华等跨国企业在安徽布局自己的生产基地，把总部放在上海；再如核心区范围内张家港的华芳纺织向蚌埠转移，但同时蚌埠的科研院所也在向江浙沪地区迁移。因此，核心区将逐步成长为长三角建设全球城市群核心功能的承载区。

从空间发展趋势来看，核心区逐步走向网络化。一方面，中心城市在全球网络下承担多样化的职能。如南京提出建设美丽古都、创新名城，杭州提出建设历史文化名城、创新活力之城和东方品质之城，并提出建设独特韵味、别样精彩的世界名城。苏州提出建设世界一流旅游名城、功能性金融中心、长三角现代物流枢纽和商贸中心；同时进一步加强长三角的区域分工，强调专业化突围的路径，如昆山建设全球 IT 产业制造基地，义乌建设世界小商品贸易中心城市，湖州织里镇建设中国童装名镇，周庄建设中国第一水乡。

长三角地区功能集聚与扩散的结果使长三角形成了核心区、潜力区与外围区，

三区发展更多体现在价值链的分工环节，尤其是不同城市在不同的价值区段上。当然城市与所在地区也是相互关联的，一般来说在价值区段高端的城市一般在核心区，在价值区段低端的城市在外围地区，在价值区段中间的城市在潜力区。从三个区的发展路径来看，首先要加强核心区的转型升级，潜力区的工业化与城镇化双轮驱动，缩短外围区与核心区的时空距离，加强三区的联动发展，构建区域的关系网络，同时关键是要消除阻碍要素流动的制度障碍。

（1）核心区：转型升级

长三角核心区已经经历了从劳动密集型、资金密集型到技术密集型的跨越，未来必定向创新-知识经济转型。在知识创新时代，原有的产业势必要加快转型，主要是向基于创新创意的经济转型，培育好有利于企业发展的营商环境，有利于交易的制度环境，有利于投融资的资本环境，加快创新孵化和培育实体经济，上海主要是全产业链的创新，杭州基于互联网的模式创新，苏州基于产品转化的创新等。

核心区关键是培育各种创新网络，形成产学研相互交融的创新环境，加强大专院校与科研院所之间的创新合作，同时加强大专院校的科研成果与企业之间的合作，形成相互推动的创新网络，跨越创新成果与转换之间的"陷阱"，将科研成果转化为经济的发展。其次，也要形成企业与企业之间的创新网络，深圳创新环境很好，关键是有许多的实体经济企业为创新服务，只要有好的创新理念，深圳能找到企业转换成产品，杭州围绕阿里巴巴有许多的中小企业服务，阿里巴巴也愿意为这些中小企业提供融资服务，形成了企业与企业之间的联动，大企业与中小企业的联动。因此"校区、园区、社区"构建基本的创新空间网络，形成了学校、企业与创新个人之间的创新联动。

（2）潜力区：加快工业化与城镇化

潜力区则作为长三角增量发展的空间，加速工业化、加速城镇化。一方面，长三角工业发展出现由核心区向外扩散的态势，如2000～2008年的合肥-芜湖、徐州、南通，2010～2013年的安徽皖江、苏北地区出现了工业加速发展的态势，进入到工业化中后期；另一方面，在再工业化和经济提升发展的带动下，合肥、芜湖人口出现了明显的增长。实际上，潜力区中的各个城市是长三角未来主要的区域增量工业和增量城镇人口的承载空间。

从空间趋势来看，潜力区主要呈现沿发展走廊发展的态势，区域中形成了东陇海（徐州-连云港）、皖江（马鞍山-芜湖-铜陵）、江苏沿海（南通-盐城）、浙赣线（义乌-金华-衢州）等发展廊道，潜力区内各城市已成为各省发展的重要增长极地区。

从长三角区域合作视角出发，强化潜力区与核心区的联动，核心区的一些城市通常会与潜力区的城市采用共建园区的方式合作。区域的工业发展也有集聚与扩散的趋势，工业的制造环节通常会逐步从核心区向潜力区转移，寻求更低的成本，而总部环节和研发环节会往核心区集聚，于是处在不同地区的两个城市会从产业集聚与扩散的规律出发寻求合作。例如，苏州与滁州进行合作，采用早期新加坡与苏州合作建设中新苏州工业园模式，中新集团与滁州双方共同出资，建设中新苏滁工业园，苏州输出技术与资本，滁州主要提供土地空间资源，促进产业的协同发展。在长三角这种处于不同地区的两个城市合作模式还有许多，目的是寻求核心区城市的产业转型提升，潜力区城市的工业化发展。

（3）强化外围区和核心区的联动，缩短时空距离

对于外围区而言，目前主要是资源要素的输出：一是人口的输出，如皖北地区 2010 年 600 万跨省外出人口，70% 流向江浙沪；二是资源和能源的输出，如上海用电和长三角用煤主要来自于淮南；三是农产品的输出，包括粮食、酒等。从空间看，外围区的中心城市普遍要素集聚能力弱，中心城区发展孤立，呈现以县城发展为主体的点状发展态势。同时，外围区还面临资源环境承载力低的问题，如皖北、苏北人均水资源不足全国一半，面临严重的水资源瓶颈。

对于外围区而言，人口大量外流，本地城镇化水平低，拥有大量的农业人口，同时外围区还是中国重要的粮食生产基地。因此，外围区发展的核心是如何协调好三农与工业化和城镇化的关系，促进"三农两化"协调发展。从长三角区域合作视角出发，未来应从以下三个方面强化外围区与核心区的联动：

一是强化能源安全合作。在长三角外围区例如皖北地区，通常是能源和资源

的集中承载地，而核心区通常是经济和人口集中地，能源消耗巨大，因此核心区与外围区通常是能源合作的重点，包括用电、用煤、用气等，保障核心区的能源供应安全是核心区与外围区合作的重点。

二是通过区域合作破题城镇化。核心区各城市有大量的外来务工人员来自于外围区，在推动打工城市发展的同时将养老等问题留给了外围区经济实力较弱的城市，因此，未来城镇化政策需要省际间合作研究制定。首先要研究在核心区城市农民工市民化的对象和落户政策；其次要研究社会保障区域一体化政策，推动省际间养老、医疗等联网发展；最后要在户口管理、居住证管理等方面推动社会管理的一体化。

三是建立区域发展基金，针对特定领域提供帮扶。目前长三角外围的各城市为核心区提供大量的劳动力、能源等要素，但通常在为核心区提供年轻劳动力的同时，养老、儿童教育等基本公共服务留在本地，同时环境污染方面也存在严重的问题，因此在基本公共服务、环境保护方面要加强区域合作，建立特定领域的发展基金，补偿外围区在某些方面发展面临的不足，共同推进长三角地区整体协调发展。

四是缩短外围区与核心区的时空距离。按照国际世界银行 3D 发展理论，以及格莱泽（2012）《城市的胜利》所分析认为的，要缩小外围地区与核心区的发展差距，关键是要通过高速铁路等的建设，比如英国伯明翰、曼彻斯特等城市通过建设通往伦敦的高铁来实现城市复兴。因此，强化外围地区与核心区更便捷的交通联系，同时减少要素流动的制度障碍，是长三角一体化重要的发展路径。

6.5　小结

长三角的等级化特征通过价值区段的等级化、人口的分层城镇化以及空间的分区得到实证验证。从价值区段来看，长三角形成了较为完整的产业链，从生产性服务业到技术密集型产业到劳动密集型产业等。从发展趋势来看，长三角高价值区段越来越集中，低价值区段功能向外围地区扩散，中价值区段主要集中在沿江沿海的潜力地区的发展态势，长三角地区以"价值区段"为特征的垂直分工趋势正在显现。从人口分层城镇化来看，总体城镇体系的分层曲线是平滑的，意味着大中小城市协调发展的态势比较明显，但人口增量两端集聚的态势出现。从空间分区来看，核心区在扩大，潜力区在逐步形成并缩小了与核心区的差距，外围区需要寻找更多的发展动力。

第 7 章

网络化：长三角人口与经济的关联网络

城市关联网络是研究城市在世界城市体系中的地位和作用的一种重要研究方法。卡斯特尔（1996）提出网络社会的崛起并相应地构建全球城市体系。卡斯特尔强调"流动空间"比"场所空间"更重要，流动空间是指信息、知识、资本、文化等进行的生产与再生产活动，而城市只是流动空间的"节点"。全球化和世界城市研究网络（the Globalization and World City Research Network，GaWC）通过高端生产性服务业总部与分支机构的关联来对城市的关联度进行测度。唐子来（2010,2014）也借用总部分支机构方法,对长三角、珠三角进行了关联网络的分析。武文杰（2011）通过城市航空网络的数据对中国城市空间关联网络进行了分析。可以看出，2000 年之后，城市之间相互关联的网络都是通过企业大数据、航空大数据的分析，而早期的关联网络更多是通过直观判断进行分析。

除了经济关联网络，中国还处在城镇化的快速发展阶段，尤其是在过去 30 多年里，人口流动规模大且流动速度快，"用脚投票"成为过去长期反映居民选择的重要方式。此外，中国快速城镇化进程中人口流动跨度大，不仅在城市内部流动，同时也在城乡之间及异地之间流动。因此，人口流动也从一个方面反映了区域之间的相互关系。

7.1 经济关联网络

7.1.1 长三角地区城市经济关联网络研究综述

（1）点轴的联系

在长三角地区的研究中，吴良镛（1995）提出长三角要从整体上来思考，要加强区域的整体性，包括经济网络的整体性、空间发展的整体性、城乡发展的整体性、时空发展的整体性。整体上研究长三角的经济与形态空间，城镇密集区在空间上呈现"点 - 轴"发展联系。点 - 轴联系主要是沿着区域性的交通系统轴线发展，在轴上的城市将得到更大的发展机会。其中沿沪宁铁路从上海经苏州、无锡、常州到南京，城市已连成一片，形成一条明显的发展轴。同时随着长江经济走廊的开发建设，沿长江从上海经太仓、常熟、张家港、江阴、镇江到南京形成沿江发展轴，吴良镛（1995）认为处于两条发展轴线上的城市将有更大的发展，而且轴线间的联系也将得到加强。

（2）企业内部联系关联网络

朱查松（2013）认为企业联系可以分为企业内部联系、企业间联系与企业外联系三种，但是企业内部联系更加紧密，更能反映城市之间的关联网络。因此运用第二次全国经济普查数据来研究长三角城市网络的总体结构及演变趋势。通过分析并比较2001年、2009年的企业分布、城市联系、网络节点组织以及各城市的地位，发现长三角城市网络结构主要有以下几个特征：①城市总体从三级结构走向了四级结构，三级结构主要由地级市市区、省会城市、上海中心城区三级等级城市组成的等级网络，发展为由县（县级市）、地级市市区、省会城市、上海中心城区组成的四级行政等级结构，表明有更多的县城加入全球网络体系，城市网络更加多中心化进程正在发生，同时杭州中心城区和浙江地级市市区重要性上升明显。②生产性服务业网络高度集聚的特征明显，主要由沪宁杭三个城市主导的高度等级化特征，虽然局部地域开始网络化，但极化的趋势并未改变，上海中心城区的主导地位进一步加强。③生活性服务业网络是由沪宁杭主导的四个行政层级城市组成的"网络＋等级"结构，相对2001年呈现快速多中心化趋势。

（3）产业联系强度

孙东琪、张京祥（2013）引入感应度系数和影响力系数，构建产业联系强度测度模型，探讨了当前长江三角洲产业空间联系特征，结果表明长三角各城市间产业联系强度差异显著，平均产业联系强度为1207，最大的上海-苏州为8602，最小的舟山-马鞍山为90。以上海为中心随着距离的递增产业联系强度依次减弱。产业联系强度密集区主要集中在上海、苏南和浙北，外围地区的皖北、苏北、浙南等地区的城市联系强度相对偏弱。产业联系强度最高的地区还是沪宁线和沪杭线，往外联系强度逐渐减弱，减弱的程度与偏离沪杭线与沪宁线的距离相关，距离越远，联系强度越低。

综合以上对长三角经济空间联系的研究可以看出，随着长三角城市经济发展水平的提升以及区域一体化的推进，城市群内部各城市间产业联系强度逐步提高，同时城市间的功能联系更为复杂与多元，这说明城市群整体经济发展水平在整体提升的同时趋于均衡。因此，由点轴联系走向网络联系正是长三角城市群走向成熟的重要标志之一。

7.1.2 长三角经济发展的关联网络分析

（1）企业关联网络分析的技术方法

如上文所述，目前关于长三角区域经济联系的相关研究中，多借用 GAWC 的研究方法，采用总部 - 分支机构的研究方法，通过计算企业之间的关联度，来测量城市之间的关联度（唐子来，赵渺希，2010；唐子来，李涛，2014；朱查松等，2014；赵渺希等，2015）。本研究也采用类似的方法，鉴于数据的可获得性，采用城市之间企业的投资数量作为主要的分析数据，来测量城市之间的关联度（陈阳，2016）。两个城市之间的关联度是 i 市对 j 市的投资加上 j 市对 i 市的投资总和，结合长三角的 41 个城市，进行标准化处理，计算每个城市的总关联度，关联度的高低表征各个城市在长三角网络中的层级。

（2）企业关联网络的实证分析

本研究主要采用在国家工商总局注册的企业信息，通过龙信大数据平台，获取 2005 年与 2015 年两个时间的数据。在价值区段分析中，主要先对企业进行产业类型划分，然后选取某一类企业某一年在长三角的相对数量，并生成某类企业在长三角的热力关系图。在城市关联网络分析中，选取长三角一个城市对长三角其他城市的投资企业的数量，并建立相互之间投资的矩阵，在数据标准化之后，采用前面介绍的方法计算相互关联度（表 7.1）。

2005、2015 年长三角各城市总关联度一览表　　表 7.1

总关联层级	城市（总关联度）	
	2005 年	2015 年
一级节点（高关联度）	上海（100）	上海（100）
二级节点（中高关联度）	南京（55）、杭州（48）、苏州（38）	南京（62）、杭州（56）、苏州（42）、宁波（36）
三级节点（中关联度）	宁波（28）、无锡（26）、常州（23）、南通（20）、绍兴（12）、合肥（12）、扬州（11）、镇江（10）、台州（10）	无锡（27）、合肥（26）、常州（21）、南通（18）、台州（16）、嘉兴（13）、温州（13）、绍兴（12）、湖州（11）
四级节点（中低关联度）	嘉兴（9）、芜湖（9）、湖州（8）、温州（7）、泰州（7）、盐城（6）、连云港（5）、徐州（5）	金华（9）、泰州（9）、扬州（9）、芜湖（9）、镇江（8）、淮安（6）、马鞍山（6）、盐城（6）、舟山（5）、徐州（5）、淮安（5）、连云港（5）、蚌埠（5）
五级节点（低关联度）	蚌埠（4）、金华（4）、舟山（3）、淮南（3）、滁州（3）、铜陵（3）、安庆（3）、六安（3）、丽水（3）、马鞍山（2）、衢州（2）、宿迁（2）、淮北（2）、宿州（1）、亳州（1）、阜阳（1）、池州（1）、宣城（1）、黄山（1）	宿迁（4）、滁州（4）、淮北（3）、淮南（3）、六安（3）、安庆（3）、铜陵（3）、衢州（2）、丽水（2）、宿州（1）、阜阳（1）、亳州（1）、池州（1）、黄山（1）

　　基于 2015 年长三角企业大数据所作的长三角全产业链分析（图 7.2），可以得出以下结论：城市与城市的关联度主要分为四个层级，第一层级是上海与苏州的联系为最高，说明这两个城市已经进入同城化的状态；第二层级主要为 5 对城市，上海与南京，上海与杭州，上海与宁波，杭州与宁波，以及南京与苏州，表明上海、南京、杭州、宁波、苏州这 5 个城市构成了长三角最紧密关联的城市，也形成了沪宁廊道、沪杭廊道以及杭州 - 宁波发展走廊，"之"形发展格局更加明显。

　　第三层级的几对城市主要为上海与无锡、南京与无锡、杭州与金华、上海与南通、南京与南通、南京与扬州、杭州与温州、上海与合肥、南京与淮安、杭州与湖州、南京与镇江、南京与盐城、杭州与嘉兴、杭州与绍兴、南京与常州、南京与泰州、南京与徐州、苏州与无锡、上海与常州。这表明合肥、无锡、南通等城市已经建立与上海、南京、杭州、苏州之间的紧密关联，形成了城市体系的第二梯队。也表明"之"形廊道已经进一步扩散，形成了网络状的经济联系。

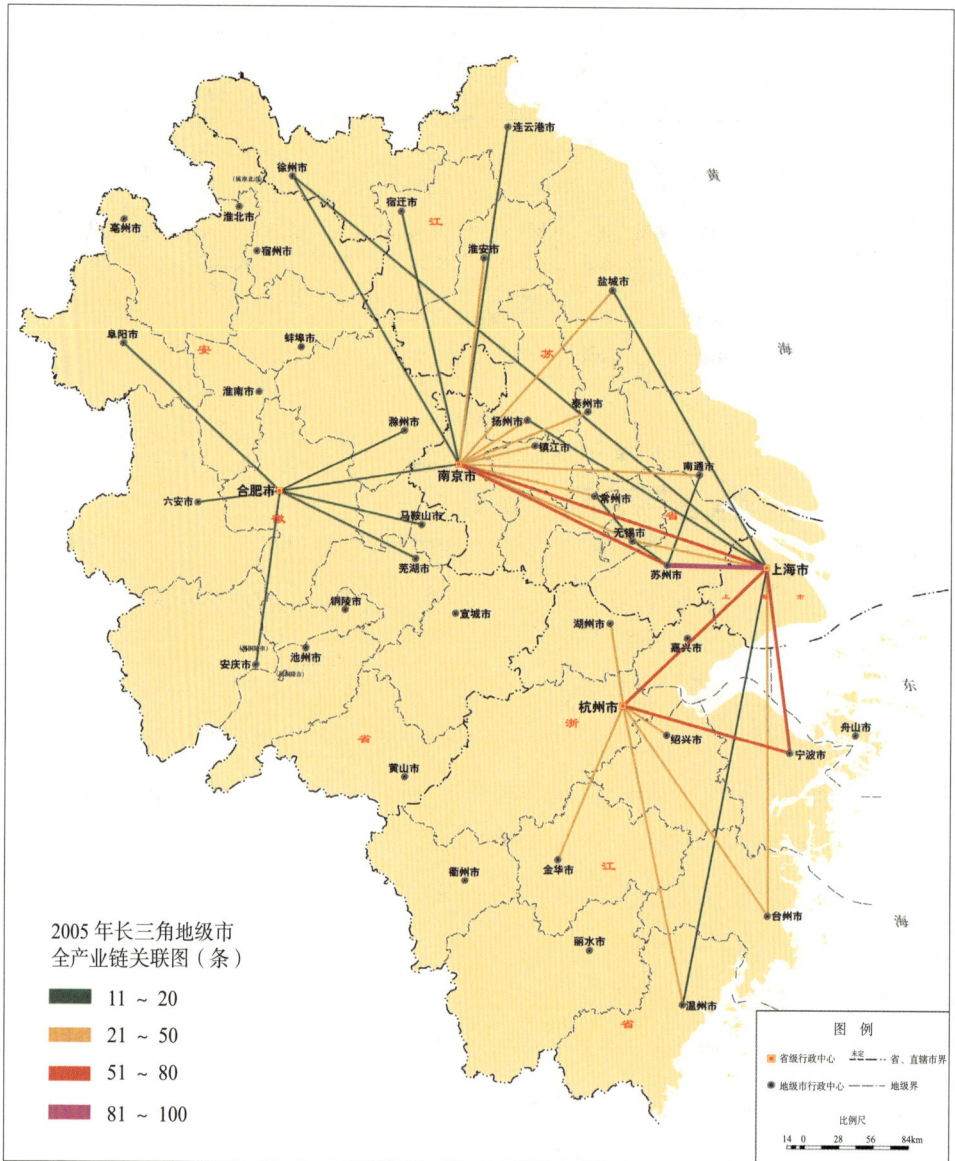

图7.1　长三角全产业链关联图（2005 年）

（来源：长三角巨型城市区域发展研究）

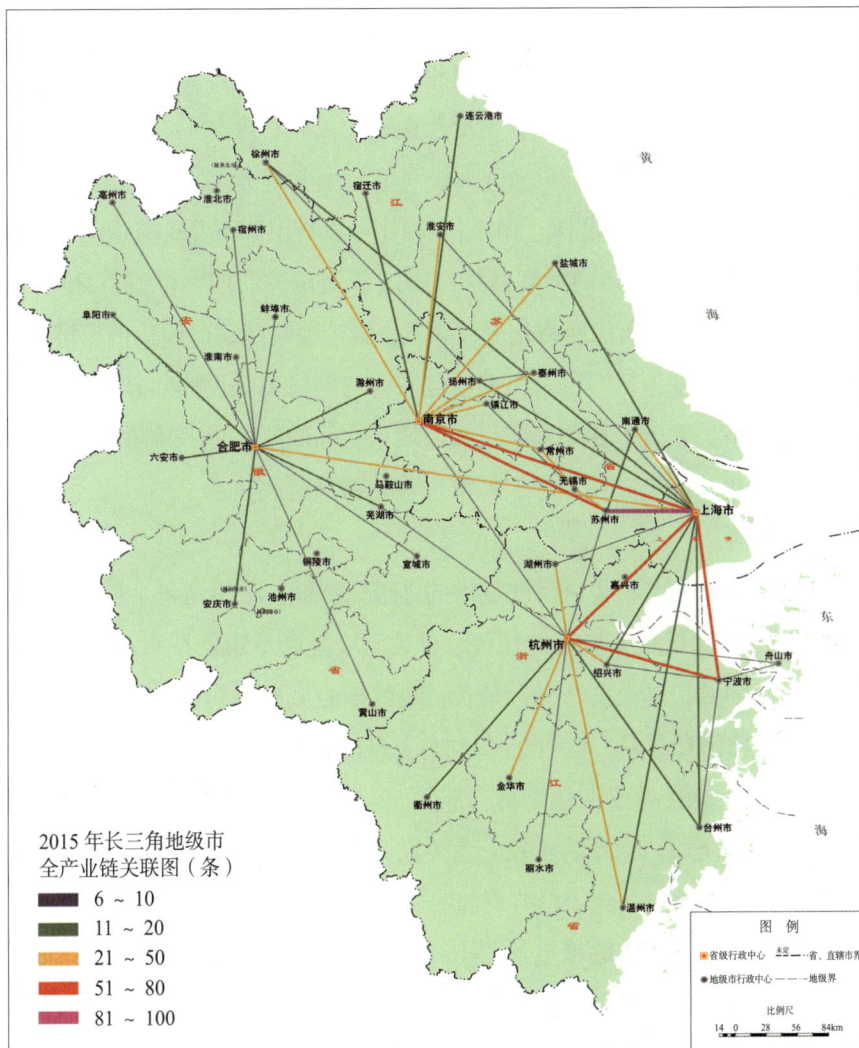

图 7.2　长三角全产业链关联分析图（2015 年）

（来源：长三角巨型城市区域发展研究）

　　第四层级的几对城市主要为杭州与台州、上海与温州、上海与台州、南京与连云港、上海与嘉兴、南京与宿迁、合肥与六安、苏州与南通、合肥与安庆、合肥与阜阳、合肥与滁州、上海与扬州、无锡与常州、上海与徐州、合肥与芜湖、上海与绍兴、上海与盐城、杭州与衢州、合肥与马鞍山、南京与合肥。这表明长三角大部分城市已经进入四级关联网络中。从关联网络可以看出,安徽的大部分城市还只是与省会城市合肥关联,合肥与南京的关联程度并不高,合肥更多的是和上海发生关联,安徽还没有全面融入长三角。

与 2005 年全产业链关联图(图 7.1)相比可以看出如下几个方面的变化:

(1)相比 2005 年城市的关联网络,2015 年城市关联网络中城市之间的联系更加广泛和紧密,长三角的网络化更加明显,城市关联网络已经扩散到潜力地区,甚至是长三角的外围地区,长三角整体范围内的网络关联更加明显,同时城市与城市之间的网络关联度也更加紧密,核心城市之间的联系也普遍增强,长三角的一体化与同城化趋势进一步加深,城市也开始跨越行政边界,形成联系更加紧密的巨型城市地区。

(2)网络关联的分析也可反映城市的等级化特征,长三角每个城市与其他 40 个城市的总关联度反映了城市的层级,总关联度越高城市的层级就越高。目前,总关联度最高的城市是上海,无疑是长三角的核心城市与引擎。处在第二层级的城市是南京、杭州和苏州,与 2005 年的总关联度相比,宁波也进入了第二层级的城市。处在第三层级的城市是无锡、常州、合肥等 9 个城市,相比 2005 年,第三层级的城市有所增加,反映了长三角关联网络的扩展趋势。同时第四层级的城市有所减少,长三角扁平化的趋势更加明显。

(3)上海与杭州的关联度更加紧密,反映了随着新经济的快速发展,杭州已经成为区域网络中最重要的中心城市之一。在第二层级的关联度中,杭州和南京的中心城市作用越来越明显,两个副中心的作用增加了长三角网络化的发展程度。但杭州 - 南京的宁杭发展轴作为区域网络中重要的发展轴,并没有显示明显的关联度。

(4)上海作为全球城市,区域辐射带动作用进一步增强,通过长三角其他城市与上海相互关联度分析可以看出,与上海关联的城市进一步增多,反映了上海的区域辐射带动作用。相比 2005 年,许多城市的第一位联系城市也从其他变为上海，表明上海在发挥卓越的全球城市功能，其辐射的广度和深度（控制力和影响力）在增强。

7.1.3 关联网络的演进：从生产性服务业到新经济

本次全产业谱系的分析主要包含了生产性服务业、制造业和新经济产业三大类，这是不同于传统的只是以生产性服务业为关联核心的分析方法，生产性服务业的分析方法更适合分析全球城市网络，同时这样分析也令纽约、伦敦在全球生产网络的顶端，符合西方中心主义的研究思路。

但是在中国，两个现象值得关注，一是中国还处在城镇化和工业化快速发展时期，除了生产性服务业，制造业在长三角更处于一种网络化、区域化与价值链分工的发展阶段，特别是"生产在安徽，总部在上海"❶的发展模式比较典型。第二，以生产性服务业为主要测度全球城市网络的理论来源于萨森的"全球城市"理论，以及GAWC的"全球城市网络"，其基本的出发点还是西方中心主义思想，更多的是从纽约、伦敦为代表的经济发展模式出发的。近年来，硅谷在全球城市网络中的崛起，无法在全球城市网络中得到明显体现。在长三角，杭州新经济的崛起在网络中的地位也没有能明显体现出来。因此，本次研究结合长三角的发展阶段和新经济的发展特点，在生产性服务业网络的基础上，补充了制造业网络，重点增加了长三角的新经济网络，这也是对全球城市理论在中国应用的一种补充。

（1）生产性服务业关联度分析

生产性服务业关联与全产业的关联具有较强的相似性，这也是全球城市网络选取生产性服务业作为主要关联代表的原因。在长三角处于第一关联层级的是上海与苏州；处于第二关联层级的是上海与南京、上海与杭州；处于第三关联层级的是南京与苏州、杭州与宁波、上海与无锡、上海与宁波、南京与无锡；处于第四关联层级的是杭州与金华、南京与南通、杭州与温州、南京与扬州、南京与淮安、

---

❶ 也有可能生产在苏北，总部在苏州，这里只是通过生产在安徽，总部在上海表示长三角核心与外围的网络关系。

南京与盐城、南京与泰州、南京与镇江、上海与合肥、上海与南通、杭州与湖州、杭州与嘉兴、杭州与绍兴、南京与徐州、南京与常州、杭州与台州、上海与常州。剩下与苏北皖北等外围地区的关联度处于第五关联层级（图7.3）。

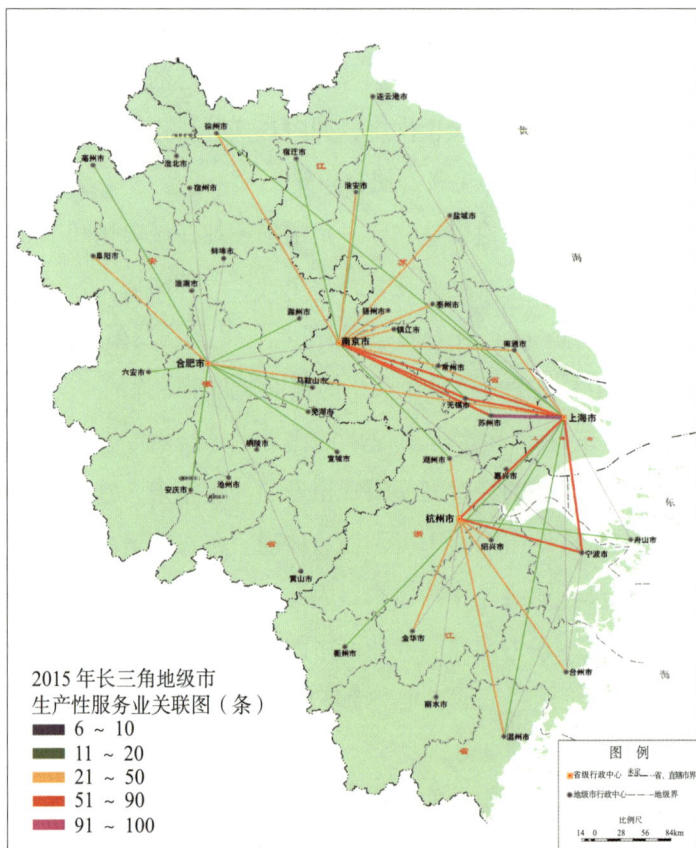

图7.3　2015年长三角生产性服务业关联网络

（来源：长三角巨型城市区域发展研究）

（2）制造业关联

制造业关联度的分析显示了总部在上海，生产在安徽的总体特征，上海在制造业方面的控制力处于绝对的中心地位，形成了以上海为中心的放射状格局。具

体而言，处于第一关联层级的是上海与苏州；处于第二关联层级的是上海与南京、
上海与台州、上海与宁波、上海与无锡；处于第三关联层级是上海与杭州、上海
与南通、杭州与宁波、上海与温州、上海与嘉兴、南京与苏州、上海与常州、上
海与合肥、南京与无锡；处于第四关联层级的是杭州与湖州、上海与镇江、杭州
与温州、上海与台州、合肥与淮安、无锡与苏州、杭州与嘉兴、合肥与六安、杭
州与苏州、上海与徐州、南京与镇江、上海与扬州、上海与盐城、宁波与苏州、
杭州与台州、南京与扬州、杭州与绍兴、金华与温州、南京与常州、绍兴与宁波、
常州与无锡（图 7.4）。

图 7.4　2015 年长三角制造业关联网络
（来源：长三角巨型城市区域发展研究）

（3）新经济关联网络分析

关于新经济的概念最早起源于美国。《商业周刊》在 1996 年指出，在经济全球化背景下，信息技术（IT）革命以及由信息技术革命带动的，以高新科技产业为龙头的经济（Pete，2000）。在中国，李克强总理强调"新经济"是广义的含义，不仅仅包含第三产业，也包含第一产业和第二产业。不仅仅包含"互联网＋"、云计算、电子商务等新出现的第三产业，也包括"互联网＋制造业"、智能制造、定制化生产等第二产业，也包括农村的适当规模化生产的新家庭农场等第一产业，农业也要强调"一二三"产业融合发展。在城市中，很多城市提出了自己的新经济产业发展目标，比如杭州提出未来"1+6"产业，包括信息经济产业、文化创意产业、金融产业、旅游休闲产业、健康产业、时尚产业以及高端装备产业（聂献忠，2016）。成都提出六大新经济业态包括：数字经济（资源型、技术型、服务型），智能经济（智能制造、智能服务、智能产品），绿色经济（绿色产业）、创意经济（知识创造、创意设计、创意体验），流量经济（跨境电商、离岸金融）和共享经济（生活性、公共性）。第一财经研究院和复旦大学在 2017 年发布了《中国城市和产业创新力报告》，提出了七类新经济行业：节能与环保业、新一代信息技术和信息服务产业、生物医药产业、高端装备制造产业、新能源产业、新材料产业、新能源汽车产业。

因此本小节以七类新经济行业作为基本的分类标准，对长三角新经济的关联度进行了分析，发现这与生产性服务业的关联度有很大不同。反映出浙江新经济的兴起，与上海形成环杭州湾创新区。具体而言，处于关联度第一等级为杭州-宁波、上海与杭州；处于第二等级的是上海与苏州、上海与南京、杭州与温州、杭州与金华、上海与宁波；处于第三等级的是杭州与嘉兴、上海与无锡、上海与合肥、合肥与富阳、杭州与湖州、杭州与绍兴、杭州与台州；处于第四等级的是合肥与安庆、合肥与六安、合肥与滁州、杭州与衢州、南京与无锡、南京与苏州、合肥与蚌埠、上海与南通、上海与温州、杭州与舟山、合肥与宣称、合肥与亳州、合肥与芜湖、杭州与南京、上海与嘉兴、上海与常州（图 7.5）。

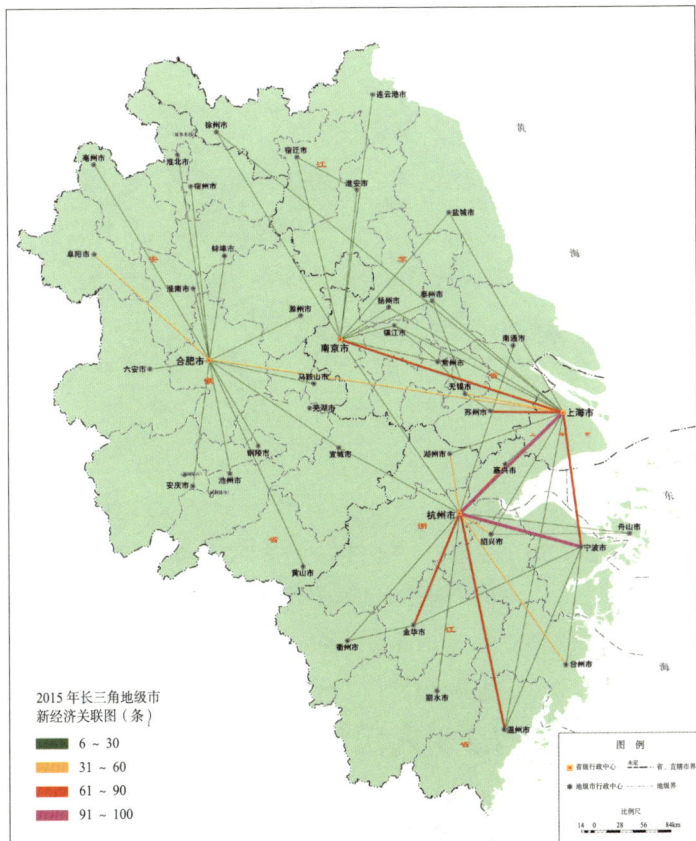

图 7.5　2015 年长三角新经济关联网络

（来源：长三角巨型城市区域发展研究）

通过长三角关联的分析，在不同的业态长三角关联度呈现不同的关联网络。以生产性服务业来看，上海龙头地位突出，同时南京、杭州、合肥的省内关联突出。上海 - 南京 - 杭州形成较强的关联网络，合肥的关联度相对较弱。从制造业关联度来看，上海处于绝对核心地位，其控制力与影响力地位突出。从新经济关联来看，杭州地位崛起，基本形成杭州和上海的双中心格局。总体来看，上海以卓越的全球城市为发展目标，其地位突出，杭州作为新经济的发展代表，迅速崛起。不同业态的关联网络在未来总体格局中还存在变动的发展态势。新经济在全球关联网络中的地位和作用越来越突出，这也是对关联网络进一步发展的一种修正或补充（图 7.6）。

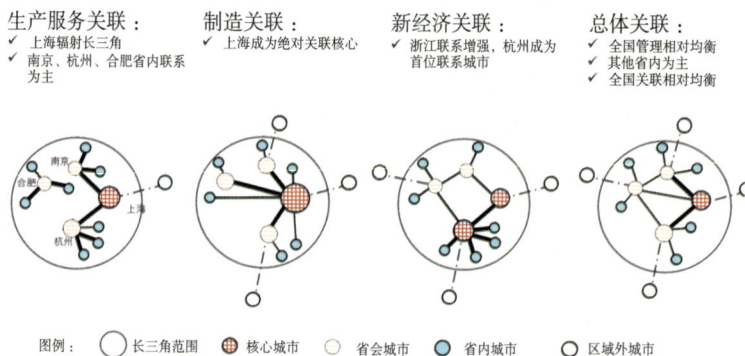

生产服务关联：
✓ 上海辐射长三角
✓ 南京、杭州、合肥省内联系为主

制造关联：
✓ 上海成为绝对关联核心

新经济关联：
✓ 浙江联系增强，杭州成为首位联系城市

总体关联：
✓ 全国管理相对均衡
✓ 其他省内为主
✓ 全国关联相对均衡

图例：○ 长三角范围　⊞ 核心城市　○ 省会城市　● 省内城市　○ 区域外城市

图 7.6　长三角不同产业门类的经济关联网络模式图

（来源：长三角巨型城市区域发展研究）

7.2　人口流动网络

人口流动研究是比较传统的研究区域问题的研究方法，人口流动可以回答人从哪里来，人往哪里去的问题，人口流动作为一种生产力要素反映了区域发展的水平。人口流动一般遵循着从农村流向城市，从欠发达地区流向发达地区的趋势，其基本遵循的规律就是从低效益的产业部门或地区流向高效益的产业部门或地区。此外，人口流向不同的城市过程中，形成了城市的不同大小和规模，形成了传统的大中小城市的城镇体系。

人口流向哪里，除了受经济的影响比较大之外，还受到文化、行政边界等因素的影响越来越大，但经济收入差距较大时，人口可能会跨越较大的流动距离，流向那些经济发达地区。比如，深圳刚进行改革开放时，全国人口都形成了"人口东南飞"状况，但是随着中国逐渐形成了京津冀、长三角和珠三角等多个经济较为发达的城市群时，人口流动的趋势更倾向于向周边流动的趋势，这种流动的趋势可以被称为"区域化"的流动趋势。

此外，人口流动是倾向于流向大城市还是流向中小城市，这个在学界经常引起较大的争议，经济学家倾向于流向大城市，因为大城市更具有规模经济的优势，而社会学家更倾向于流向中小城市，甚至就近就地城镇化，这样可以解决所谓"进可攻，退可守"的问题。根据调查和研究，在长三角地区显示了城乡"分层城镇化"的特征，人口流向大中小城市呈现了较好的大中小城市协调发展的格局。这是长三角人口流动两个较大的特征，倾向于区域性的流动与大中小城镇分层的流动。

大量学者研究表明，经济差距和地理距离是人口流动的主要因素，其中经济差距与人口流动呈现正相关关系，地理距离与人口流动呈现反相关关系。顾朝林（1999）对大中城市流动人口迁移和流动特征、从业结构、迁移原因与途径进行了系统的研究，得到了中国城市人口迁移的一般规律，发现人口的流动倾向于向近距离、中心城市移动的特征，人口有流向大城市的倾向，同时近距离区域的流动人口一般从事第三产业为主，而远距离区域外的流动人口更多从事第一产业和第二产业。李立宏（2000）认为影响中国人口流动的因素是复杂的，但起主要作用的因素包括收入的差距、距离的远近等。乔晓春等（2013）利用第六次人口普查数据，发现省际流动的流向和流量受到流入流出地经济和收入状况的差异，以及两地距离远近影响较大；经济条件差异越大，距离越近，越易流动。

近年来，越来越多的实证研究表明人口流动开始更多地出现了近距离的流动。赵民（2013）认为2000年以来，流动人口向东部集聚的态势更加明显，但东部出现拉力减弱的趋势，而异地城镇化和工农兼业的半城镇化成为流出型地区的城镇化重要特征，本级城市区域成为中部城镇化发展的主要载体。王桂新（2014）认为中国1991～2010年20年间人口的机械增长主要来源于农村的剩余劳动力，同时省内农村流入城镇的速度远远快于省外农村流入本省城镇的速度，说明了本地型城镇化正在发挥重要作用。同时农村人口流入小城镇的速度要快于流入城市的速度。这说明中国的城镇化出现了向近距离的、本地型的就近就地的城镇化趋势。

7.2.1 长三角：国家人口流动网络的核心区

长三角是一个人口流动比较多的地区。2015 年，长三角跨省流入人口约 3126 万，跨省流出人口约 1681 万。如果从跨市的角度来看，长三角跨市流入总人口约 4906 万，跨市流出人口约 3461 万。在跨市流入人口中，长三角外流入的人口 2020 万，长三角内跨省流入人口 1106 万，还有 1780 万人是省内跨市流动。在跨市流出人口中，流出长三角外的只有 575 万人，绝大部分人还是在长三角内流动。从这个数据可以看出，一方面，长三角成为外来人口的主要流入地，从长三角外跨省流入长三角的约有 2020 万人，其次长三角内部跨省流动人口也非常高，达到了 1106 万人。还有省内流动人口也非常高，达到了 1780 万人，而且还有增加的趋势，这表明人口流动的本地区域化的特征还是非常明显。

全国人口流动网络中，长三角、珠三角和京津冀还是人口流入的三大核心区，上海、浙江、江苏流入人口约 2996 万（其中上海市约 953 万、江苏省约 870 万，浙江省约 1173 万），广东省流入人口约 2410 万，北京、天津流入人口约 1144 万。流出人口主要还是安徽、江西、湖北、湖南、河南、四川等中部地区和西南地区。

7.2.2 区域化：长三角人口在区域内流动的趋势在加强

流向长三角的地区也越来越呈现出明显的空间集聚特征。沿长江和沪昆沿线地区的人口主要流向长三角，从侧面证实了长江经济带在人口流动网络中的相互关系。人口流动网络从过去简单的经济角度，转向经济与空间叠加的网络，过去人口流动更加网络化，随着文化、自然流域、交通方便程度对人口流动网络也产生了比较大的影响，长江经济带人口流动的相互关联度也开始越来越强。

此外，长三角人口流动呈现越来越强的区域化流动的趋势。在长三角地区，远距离的跨区域流动在减弱，而长三角区域内部流动性在加强。

（1）跨省人口流动实证

从长三角三省一市的跨省人口流动趋势可以看出，在三省一市跨省流出人口中,每个省的跨省人口流动绝大部分流向了长三角地区,在2000年至2010年之间,长三角区域内部流动占三省一市跨省流出的比例在不断增加, 从 2000 年 58.6% 增长到 2010 年的 69.9%。其中安徽省外出流动人口最多,但绝大部分跨省流动人口流向了江浙沪地区,2000 年, 安徽跨省流出人口的 67.8% 流向了长三角地区。类似,浙江跨省流出人口的 36.3%,江苏跨省流动人口的 54.8%,上海跨省流动人口的 56.2% 都流向了长三角本地区域;2010 年, 长三角内部流动分别占安徽跨省流出人口的 77.5%,浙江跨省流出人口的 42.1%,江苏跨省流动人口的 64.1%,上海跨省流动人口的 56.7%。安徽流入上海、江苏、浙江的人口不断增加,分别达到 260 万、257 万及 229 万,分别占安徽人口输出省份的第一、第二和第三名(表 7.2)。

浙江跨省流出人口中流入上海、江苏、安徽的人口分别为 45 万、29 万及 6 万,分别占浙江人口输出的第 1、第 2 和第 14 名;江苏跨省流出人口中流入上海、浙江、安徽的人口分别为 150 万、34 万和 11 万,分别占江苏人口输出的第 1、第 2 和第 6 名;而上海流入江苏、浙江、安徽的人口分别为 8 万、4 万及 2 万,分别占上海人口输出的第 1、第 2 和第 3 名。可见, 长三角地区大量的跨省流出人口主要在长三角地区内部流动。这是一种越来越强的人口流动的区域化现象。

2000 ~ 2010 年三省一市跨省流动方向（%）　　表 7.2

省名	2000 年					2010 年				
	江苏	上海	浙江	安徽	合计	江苏	上海	浙江	安徽	合计
安徽	25.9	23.8	18.1	—	67.8	26.8	27	23.7	—	77.5
浙江	21.1	13	—	2.2	36.3	14.3	24.3	—	3.3	42.1
江苏	—	43.7	8	3.1	54.8	—	49.2	11.2	3.7	64.1
上海	34	—	14.6	7.6	56.2	34	—	14.6	7.6	56.7
合计			58.6					69.9		

（2）跨市人口流动模拟

受限于人口流动数据的有限性，本文拟根据总量数据和流动数据模拟不同年份的人口流动关系，以此构建人口流动网络图。因此，分别以长三角各地市的流动人口数据为依据，主要模拟了 2015 年的长三角跨市人口流动情况。

2015 年长三角的人口流动呈现出截然不同于 2000 年时的空间格局，北部与上海的联系性明显增强，且整体呈现出网络化的特征。从各省的流动情况来看，安徽省与上海的联系密切，江苏省与省内苏锡常等城市和上海的联系同样密切，而浙江省的人口联系则主要集中在省内，与省会杭州的关系密切（图 7.7）。

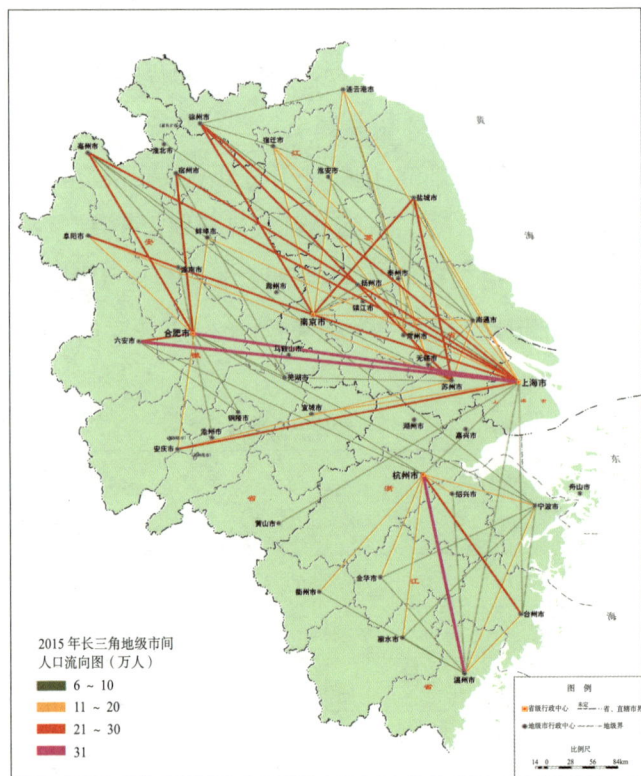

图 7.7　2015 年长三角地级市间流动人口流向

（来源：长三角巨型城市区域发展研究）

7.2.3　集聚化：流出和流入地区集聚态势更加明显

长三角区域内部流动性在加强的同时，迁入与迁出地集中化的趋势更加明显。王桂新（2006、2013）通过对苏浙沪的研究发现，长三角地区跨省相互流动在逐步增强，形成以上海、南京、杭州为代表的人口高流入的中心城市，迁入规模强度较高，同时在长三角内部形成了活跃的内部流动，从而构建了人口自由流动、相对一体化发展的城市群。省际人口迁入与迁出的不同区域发生了一些明显的局部性变化。一方面，人口的迁入地区越来越集中在几个主要的大城市，其集中化趋势比较明显；另一方面，人口迁出地区集中化与多极化特征也非常明显，人口迁出地区主要集中在几个人口输出大省，其空间分布则是多点多极的。

在长三角地区，人口主要流向那些区域内核心城市。2000年，长三角的人口流入型城市包括上海，苏南的南京、镇江、常州、无锡、苏州，苏中的扬州，苏北的徐州、宿迁、连云港，浙江的杭州、湖州、嘉兴、宁波、温州，安徽的合肥、淮南、马鞍山、铜陵共19个城市。其中人口净流入在100万以上的包括上海、苏州，净流入在50万～100万左右的包括南京、无锡、杭州、宁波4个城市。

而到2010年，人口净流入的地区包括了上海，江苏的南京、镇江、常州、无锡、苏州，浙江的杭州、嘉兴、湖州、绍兴、金华、宁波、台州、温州，以及安徽的合肥、马鞍山共16个城市，相比2000年净流入的城市19个还减少了3个，苏北和苏中的城市全面转为流出型地区，而安徽仅有合肥和马鞍山还保持人口净流入。浙江人口流入的城市有所扩大，绍兴、台州都成为人口流入型地区（图7.8）。

虽然相比2000年，从数量来说，流入型城市有所减少，但流入人口超过100万的城市增加到8个，包括上海、苏州、无锡、南京、嘉兴、杭州、宁波、温州。流入人口超过50万的城市包括合肥、常州、绍兴、金华4个城市。而从流出型地区来看，长三角外围的苏北、皖北地区大部分都是人口高流出型地区，包括宿州、亳州、阜阳、六安以及徐州，人口净流出都超过100万。

总结长三角地区的人口流动特征，发现人口流动的趋势更加明显，人口流入城市，如上海、苏州、南京等，其人口的吸引力越来越强，而且具有吸引力的城市相对越来越多，并且连接成片，从上海、苏州等有限的几个城市扩展到沿江的苏南地区和环杭州湾地区。而人口流出型地区面积有所扩大，且在苏北、皖北等地区形成了高人口输出的地区。

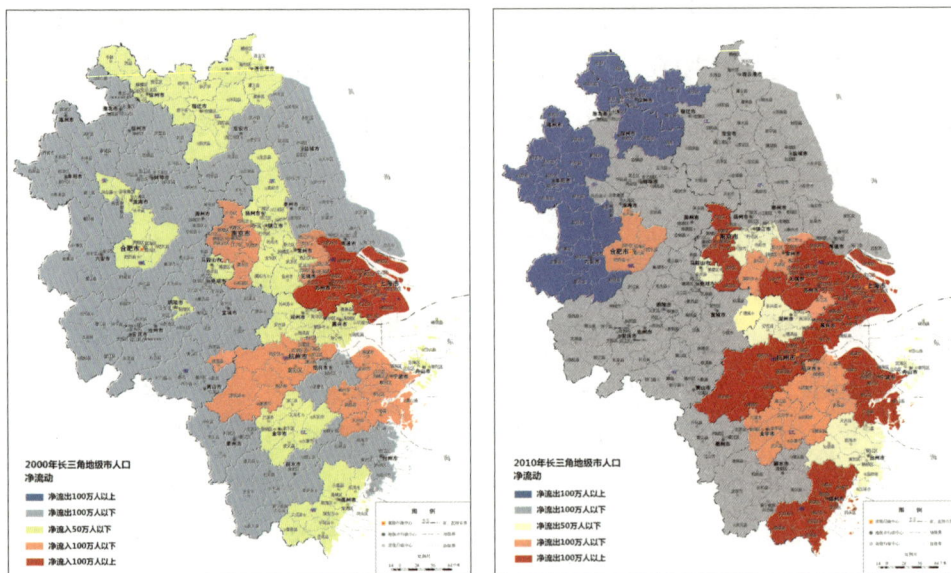

图 7.8 2000 年和 2010 年长三角各地级市人口净流入情况

（来源：长三角巨型城市区域发展研究）

7.2.4 网络化：大数据对长三角人口联系网络化的佐证

人口流动网络分析大部分是依据第五次人口普查和第六次人口普查的数据进行的分析，但是中国人口统计基本上是五年才有一次比较大的统计，缺乏每年的实时数据，随着大数据的兴起，通过手机信令来分析人口流动网络最近开始出现。本文利用长三角某天的手机移动的数据来判断长三角内部人口流动情况。通过手机信令数据所反映的当天人口 OD 关系，从而反映长三角的人口流动网络（图 7.9）。具体表现在以下几个方面：

（1）长三角已经形成了紧密联系的网络，人口在城市之间的流动网络比较频繁。

（2）从人口流动来看，形成了一个紧密联系的核心圈层，这个核心圈层基本是以南京 - 苏锡常 - 上海 - 杭州的走廊型结构。上海的核心地位比较突出，所以无论经济数据、还是人口流动数据基本上都反映了这个核心走廊。稍显意外的是，宁波从人口流动网络来看，并没有在这个核心走廊之内。

（3）在这个核心圈层外围形成了一个次级的核心流动的二枢纽，包括合肥、徐州、宁波、温州等城市。其他的一些外围地级市更多是服务本地区域的人口交流中心。

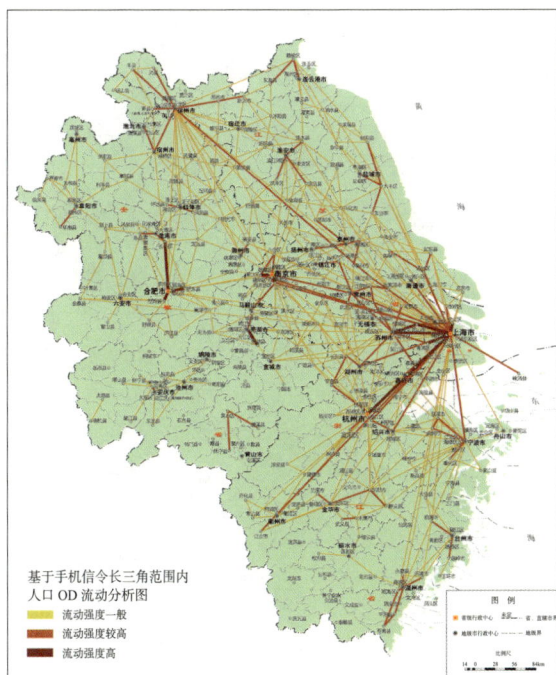

图 7.9　基于手机信令长三角范围内人口 OD 流动关系分析图

（来源：长三角巨型城市区域发展研究）

7.3　空间格局网络

目前关于长三角空间结构，不同学者有不同的表述，最新的表述是国家颁布的由国家发改委和住建部联合编制的《长江三角洲城市群发展规划》（2016）。规划明确了长三角的空间结构为"一核五圈四带"的网络化空间格局（图7.10）。

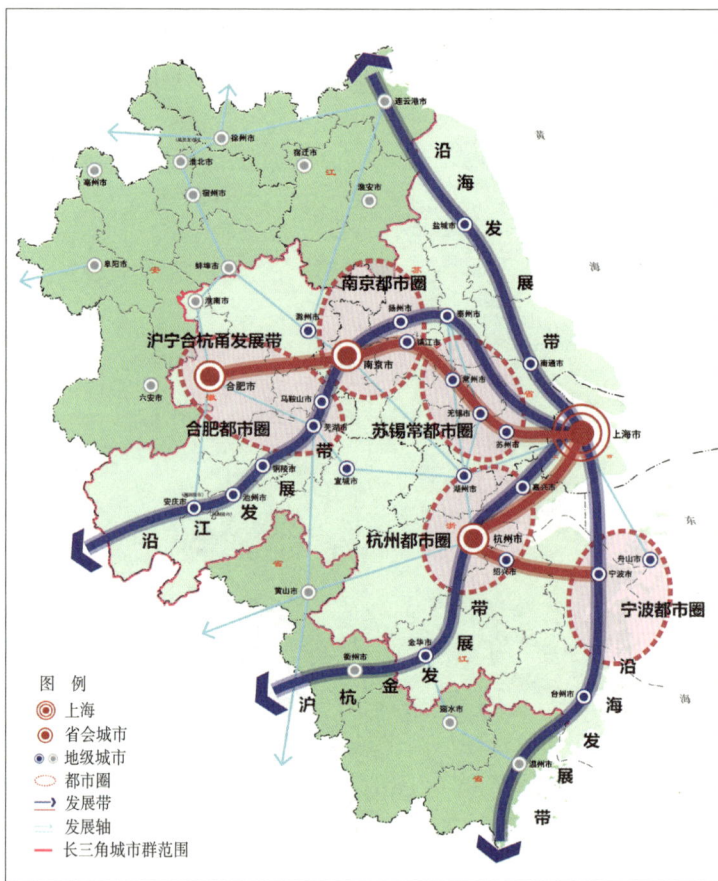

图 7.10　长三角城市群空间格局示意图

（来源：《长三角城市群发展规划》）

7.3.1 等级化力量

"一核五圈"代表了这个地区等级化的典型特征，"一核"为上海，在该规划中强调发挥沿海的龙头带动的核心作用，以及辐射带动作用，把上海建设成为卓越的全球城市，强调要进一步提升上海的核心竞争力，以及综合的服务功能。在国务院批复的《上海市城市总体规划 2016～2035》中，进一步明确"一核"的功能定位，强调将上海建设为国际经济、金融、贸易、航运、科技创新中心和文化大都市，建设成为卓越的全球城市，具有世界影响力的社会主义现代化国家大都市。与上一版总体规划相比，本次上海总体规划首次提出了"卓越"的全球城市概念，其定位符合当前经济地理重塑中越来越等级化的一些特征，在全球城市网络与等级化的过程中，上海和北京是中国融入全球城市，并占据全球城市网络顶端的城市之一，这一轮上海总体规划强调卓越的全球城市，没有用讨论稿中提出的"领先的全球城市"这一概念，核心强调新一轮的全球城市目标不能仅仅是经济维度，特别强调经济影响力、创新影响力和文化影响力（唐子来，2017），强调与全球的连接以及对腹地的辐射这两个扇面。

在《长江三角洲城市群发展规划》中也提出了推动南京都市圈、杭州都市圈、合肥都市圈、苏锡常都市圈、宁波都市圈的建设，推动"五圈"的同城化发展，从学术的含义包含了长三角地区在等级化的过程中形成比较典型的"主次结构"，其中，上海为主、5个都市圈的中心城市为次的格局。当然，从能级上来考量，南京和杭州是更明确的两个次中心。但是作为长三角城市群规划，更强调行政格局的平衡，把合肥、南京以及苏锡常上升到比较高的地位也可以理解。

杭州在城市定位方面强调把创新以及新经济作为重要的引擎，杭州作为长三角的次中心城市，在新一轮规划中特别强调杭州国家自主创新示范区的功能，强调加快城市的国际化进程，按照新的目标"建设独特韵味、别样精彩的世界名城"，争取在全球城市网络中占有一席之地。当然杭州在区域网络中的作用没有在国际（国家）网络中的作用那么大，这也是互联网以及新经济时代的一个新特点，更多的是融入国际网络和国家网络，对区域的辐射带动作用没有那么强。因此，这也是杭州在都市圈建设中，如何加强对区域的辐射带动作用，特别是带动临安、富阳等周边城市的发展，加快区域网络建设的一种责任与担当，同时区域网络化也会促进其在全球城市网络中地位的提高。

合肥都市圈的建设重点，一方面希望提高合肥的能级，尤其发挥在长江经济带中承东启西的区位优势，重点推进创新链和产业链的融合发展。同时合肥也能辐射带动周边，尤其是芜湖马鞍山等地区的发展。目前从前面合肥的网络分析来看，合肥还只是区域中的合肥，更多的是与周边地区有比较密切的网络关系，在全球城市网络中的地位不高，网络关联度不强。

苏锡常都市圈从关联网络来看，更多的是上海都市圈的一部分，而不是独立的都市圈，苏锡常都市圈重点是先进制造业和现代服务业的融合发展，同时推动从"制造"向"智造"的转型。宁波都市圈目前还在发育阶段，一是宁波的能级不高，但是国际航运服务和国家贸易物流中心等专业职能在全球城市网络中地位突出，另外在区域关联网络中，宁波与舟山、台州等城市之间的相互辐射和带动作用不够，相互间区域关联网络能量不强。

7.3.2 网络化力量

都市圈的发展既包含了等级化的含义，也包含了网络化的含义。等级化就是要强调中心城市能级，网络化则强调中心城市要带动周边地区发展。比如在长三角城市群规划中，强调要提升南京中心城市功能，加快产业和人口集聚，打造成为区域性创新高地和金融商务服务集聚区。同时能够促进南京、镇江、扬州同城化发展，辐射带动淮安等城市的发展。

在《长三角城市群发展规划》中提出了"四带"，包括沪宁合杭甬发展带、沿江发展带、沿海发展带、沪杭金发展带。空间结构的四带与前面分析的关联网络所形成的关联发展带之间有很好的耦合，这说明在长三角网络化的过程中，其集中的网络化地区主要呈现在这四带上。

从关联网络的大数据来看，沪宁合杭甬发展带是在长三角关联网络最密切的发展带，无论从企业关联网络、人口流动网络，还是日常通勤都是如此，在长三角城市群发展规划中，也强调将这条带发展成为最高端要素集聚、最优秀人才汇聚、服务经济和创新经济推动的发展带。

沿江发展带主要是依托长江黄金水道所形成的复合发展带，这条带的关联网络正处于逐渐加强的过程中，产业结构主要是以临港制造、航运物流为主体。推动跨江联动发展和皖江城市带的发展，增强对长江中游地区的辐射带动作用。

沿海发展带在国家战略中具有重要地位，这条带主要是以海洋经济为主体，包括了临港产业和海洋高新技术产业等。重化工业产业特征明显，但是相互之间的经济关联、人口关联并不密切。后面随着沿海铁路与公路的全线贯通，相互之间的辐射带动作用会更加明显。

沪杭金发展带是一条目前蓬勃增长、相互关联密切的发展带，这条带连接上海、嘉兴、杭州、义务、金华等城市，随着杭州新经济的快速崛起，沪昆高铁的全线贯通，将成为开放程度高、民营经济越来越发达的地区。

长三角空间结构的重塑与等级化、网络化力量在长三角地区的作用关联密切。一方面，以上海为龙头，南京、杭州等为补充，覆盖全域的城市等级体系，将成为全球城市网络中越来越重要的力量，是全球城市和国家中心城市的重要节点，将在金融、创新、文化影响力等方面发挥越来越重要的作用，同时这些城市也要发挥辐射带动周边的责任和能力，带动周边地区同城化发展。另外，以空间廊道为支撑，形成相互之间更加密切联系的网络关系，尤其是经济网络、人口流动网络等要素的联系，让要素充分地流动起来，形成更加一体化的地区。

7.4 小结

总体来看，长三角成为一个关联网络越来越密集的地区，主要表现在经济关联与人口关联。经济关联可以通过生产性服务业关联、制造业关联和新经济关联三个维度来测量。人口关联可以通过人口的长期流动与一日流动来测量。长三角的经济关联与人口关联直接对长三角的空间结构产生较大的影响，在长三角的规划中，特别强调了等级化的中心及其形成的都市圈，以及网络化的关联形成的发展廊道的影响。

从经济关联网络来看，以生产性服务业为例，上海龙头地位突出，杭州、南京作用明显，区域的主次结构越来越清晰，从制造业关联来看，上海核心枢纽地区特别突出，辐射带动更加网络化的制造业布局。从新经济关联来看，杭州地位崛起，基本形成杭州、上海双中心的格局。总体来看，上海作为卓越的全球城市其地位突出，杭州作为新经济的发展代表，迅速崛起。人口关联网络表现为区域内人口流动和省内人口流动都在加强的态势，长三角人口自由流动与一体化的趋势比较明显。从空间关联网络来看，在区域网络形成与扩大的同时，核心区带动的都市圈的同城化趋势在加强，城市之间基于交通、功能联系所形成的发展廊道正越来越明显地发挥着作用。

第 8 章

地域化：基于生态、人文、新经济的发展模式

8.1　长三角非城镇密集地区和特色资源的识别

　　应用上文中（第4.4节）识别城镇密集区和非密集区分布的技术方法，以县市为单元对长三角三省一市范围内的非密集区进行识别。可以发现，长三角具有城市群密集绵延的典型形态，其中密集区约占83%的空间，非密集区主要分布于长三角城市群的外围，包括西南部皖浙赣三省交界、苏皖交界以及皖西南等地区（图8.1）。从地理地貌分布来看，非密集地区主要是以山地丘陵等地貌为主。

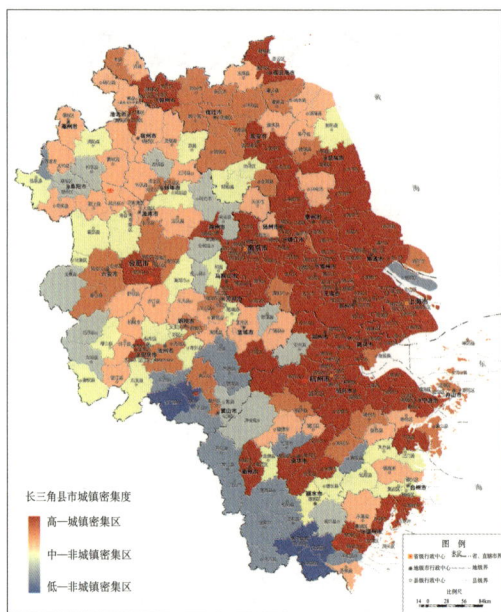

图8.1　长三角三省一市范围内的非城镇密集区分布（图中蓝黄色系部分）

　　非城镇密集地区与生态人文资源禀赋的空间分布存在一致性。长三角地区有着丰富的自然景观资源与人文景观资源，地形地貌的特点是山比较少，而水多湖多，以平原为主。总体属长江和钱塘江下游水系，主要河流有长江、钱塘江、淮河、黄浦江等，主要湖泊包括太湖、淀山湖等。其主要自然与文化景观资源包括重要的河湖水面与生态湿地、重要的山地、有特色的乡村地区，以及国家列入保护名录的地区，包括历史文化名城、风景名胜区、自然保护区与森林公园等资源（曹兆宣，2007）。从空间分布来看，主要有东部长江口地区、环太湖地区、宁波-舟山海洋特色区、苏北苏中水乡地区、皖南国际文化旅游示范、大别山地区、浙皖闽赣四省交界等地区。大部分的生态人文资源富集地区分布在非城镇密集区，部分小体量的生态人文资源富集地区分布在城镇密集地区，成为密集地区的生态价值高地，包括长江口地区、宁波-舟山、沿太湖地区、苏北苏中水乡地区等（图8.2）。

图8.2　长三角三省一市范围内生态人文资源富集地区分布

8.2 地域化发展的关键要素与价值：生态、人文、新经济

非城镇密集区一般远离全球城市区域，按照工业化与城市化的发展思路难以取得成功。但作为典型非城镇密集区的日本北海道，则走出了一条不同于东京的发展道路，这种模式也为世界银行所推崇。北海道地处日本东北滨海带，土壤条件差，相对来说一直是日本经济比较落后的地方。为了走出经济低谷，从 2006 年开始，北海道开始调整产业结构，战略上强调充分利用现有农林水产业的优势，发展旅游、食品等相关产业，强调生产高附加值的产品，并强调开拓国际市场（张虎，2007）。北海道发展模式核心可总结为两条：一是充分利用本地的农林水等要素，二是强调基于本地要素并聚焦于高附加值产业链环节，并使之具有国际化影响力，即地域化要素的挖掘以及面向国际或区域的价值。

类似的案例在美国也开始出现。美国波兹曼位于黄石公园以北，过去由于区位条件差，以农牧业和资源开发为主。近些年凭借其独特风景吸引了众多人口，2000 ~ 2007 年增长了 27.4%。同时企业跟随人的新经济发展逻辑，使得互联网高科技产业开始出现，生物产业、观点产业、娱乐休闲业发展迅猛，引起全世界的关注，被誉为"有风景的地方有新经济"（李帅，2015）。

上述传统生态资源型城市逐渐开始找到一个新的发展方向，实现了城镇密集地区与非城镇密集地区的再平衡。其核心是充分利用地域化资源的优势，结合全球化与国家化的发展目标，产生了新的价值，总结起来就是"生态人文新经济"的发展范式。

针对这些传统的、相对落后的地区，构建地域化要素 - 价值发展模型（图 8.3）。这个模型中横轴是地域化的要素，纵轴是这些地域化要素显性或潜在价值。地域化的要素一般主要表现为生态要素、人文要素、乡村要素等。纵轴是要充分挖掘这些要素的价值，其价值可能表现为三个层次，第一层价值在于通过保护好地方的生态环境、历史文化环境等来发展旅游，目前中国的许多地方民宿盛行，乡村旅游盛行，这是发挥它的第一层价值；第二层价值就是依托这些生态优势发展绿

色产业，包括绿色食品加工、绿色手工艺产品等；第三层价值就是有些地方能够实现"有风景的地方有新经济"，把生态环境、人文优势转化为新经济。

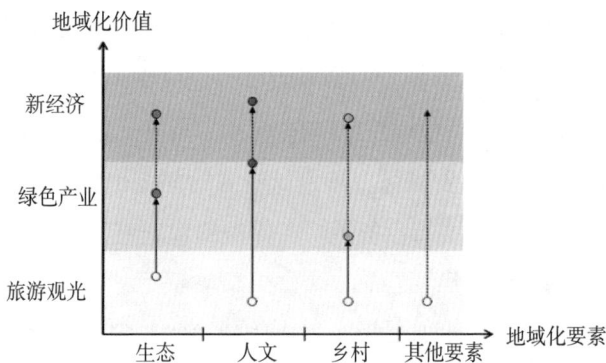

图8.3　地域化要素－价值发展模型

其实这种发挥地域化的价值，实现"生态人文新经济"的发展模式已在长三角出现，包括浙江安吉、江苏高淳慢城，以及上海的崇明岛等。其基本的发展模式就是挖掘地域化的要素，彰显特色，结合国际化的力量，形成独特的发展模式，成为当前经济地理重塑的第三种力量。下面结合这三个各具特色的案例进一步阐述。

8.3　长三角地域化发展省域层面的探索

江苏省为了推动特色地区的发展，提出规划建设全省空间特色结构体系，通过整合山水、田园、人居等综合要素，以保护乡愁、显山露水、彰显地域文化、建设美好人居环境为主要目标（周岚，2016），按照江苏省《城乡空间特色战略规划》，其城乡空间特色体系要考虑文化根基和自然地理的情况，首先提出在全省建设八大"特色风貌区"，这与前文提及的"魅力特色区"具有大致相同的内涵。

江苏省提出全省建设八个不同的特色风貌区，分别为：（1）以太湖为代表的江南水乡田园特色风貌区；（2）以宜溧金为代表的江南丘陵田园特色风貌区；（3）以洪泽湖为代表的黄淮平原田园特色风貌区；（4）以里下河水乡湿地为代表的水乡田园特色风貌区；（5）沿长江的丘陵都市特色风貌区；（6）沿长江中下游的平原都市特色风貌区；（7）沿江苏滨海的滨海城市特色风貌区；（8）沿陇海线的丘陵城市特色风貌区。这8大"特色风貌区"中，前4个是以开敞区域的大地风貌为主，后4个以紧凑城市风貌为主要特征。特色风貌区的划定也主要是为了塑造有特色的大地景观，保护自然与人文特色资源。在保护的基础上，寻求特色的发展模式，为下一代奠定山清水秀的格局。

江苏省在八大风貌分区的基础上，提出构建"8廊12片"的省域重要特色空间体系，8个特色景观廊道为沿大运河、沿江、沿古黄河 - 淮河、沿海、沿宁杭廊道、沿通榆运河、沿新通杨运河、沿新大陆桥廊道。12个重点特色风貌片区分别为环太湖、江南丘陵、长江丘陵、江海交汇、里下河、高邮湖、洪泽湖、黄淮生态、沿海滩涂、山海、骆马湖、微山湖片区。此外，该规划还提出建设48处当代城乡魅力特色区，这个特色区是围绕特色城镇、美丽乡村和特色景观资源，整合山水田园、人居环境、文化产业等综合要素，建设宜居宜业宜游的美好家园。江苏省规划的特色空间体系包含了三个方面的含义：一是特色空间体系是奠定生态格局，其构建的生态斑块和廊道是生物多样性的重要基地；二是彰显江苏文化特色，通过文化空间的划定来保护文化的多样性和彰显地域的文化特色；三是寻找特色的发展模式，从生态、文化、产业等高度整合来寻找基于本土的地域化的发展模式。特色空间的塑造不仅仅是保护特色风貌，更重要的是推动经济、社会、文化、生态的协同发展（周岚，2016）。

上海在魅力地区发展方面是以"上海郊野公园"建设为目标进行探索的。上海市2014年颁布了《上海郊野公园建设设计导则（试行）》，强调郊野公园的总体目标首先是保护自然环境、人文资源的真实性和完整性，同时促进农业增产、农民增收，并在此基础上为市民提供近郊的户外游憩空间（李轶伦 2015）。上海郊野公园建设的目标也是基于自然与人文资源，在保护的基础上，实现适当的开发，为生态环境和市民对休憩的需求提供空间载体。与前面介绍的江苏省的特色空间有相同的地方，都是基于地方的生态和人文要素，也有不同的地方，江苏省在保护的基础上更加注重特色产业的开发，而上海的郊野公园更多注重生态功能和游憩功能。

按照上海郊野公园的规划，上海计划建设 21 个郊野公园，其中近期建设 5 个，分别为青浦区青西郊野公园（20km^2）、松江区松南郊野公园（24km^2）、闵行区浦江郊野公园（13km^2）、崇明区长兴岛郊野公园（30km^2）、嘉定区嘉北郊野公园（14km^2）。远期郊野公园还有 16 个，形成总面积约 400 平方公里的郊野公园。上海的郊野公园选址主要选择在自然资源较好而且具有一定规模地区，或者对生态功能有影响的重要节点，主要有良好的自然景观和田园风貌，并有生态保育功能和休闲娱乐的功能（陆健健，2013）。

浙江省山清水秀，是"绿水青山就是金山银山"理论的发源地，因此浙江省全省都特别注重魅力空间的塑造，并没有类似于江苏和上海颁布全域范围内的魅力特色区。浙江省更多是从本地的实际情况出发，在省域层面制定方向性导则，更多的是鼓励地方的实践探索。比如，2017 年全省范围内颁布了《浙江省城市景观风貌条例》，强调主要将城市的核心区，有历史遗存的历史文化街区和风貌地区，重要的滨水地区和山前地区，重要的公共公园 6 类地区列入"城市景观风貌重点管控区域"，并要求这些地区进行城市设计。但是从地域化角度，既强调保护又强调特色发展的在浙江省更多是基于地方的实践，一是以安吉、德清为代表的进行全县范围内的"美丽乡村"探索，二是基于杭州等城市提出的产城文旅相融合的"特色小镇"的探索。

浙江省美丽乡村建设起步早，成效明显，主要强调"一县一品牌、一村一幅画、一户一处景"（党浩，2018），按照持续培养美丽乡村示范县、示范乡镇、特色精品村的思路建设，强调突出个性，尊重农民意愿、加强生态环境保护，强化基于美丽乡村特点的产业支撑。因此，浙江的美丽乡村建设更多的是基于地域的乡村特点，基于良好的生态与人文环境，并在此基础上形成特色的产业支撑，符合目前魅力特色区的发展方向，并已经在此基础上形成了良好的探索。

此外，2015 年浙江省颁布了《关于加快特色小镇规划建设的指导意见》，强调特色小镇的定位坚持"产业、文化、旅游"的三位一体，"生产、生活、生态"融合发展，在产业定位上聚焦信息经济、环保、健康、旅游、时尚、金融、高端装备制造七大产业，兼顾丝绸、木雕等历史经典产业，要求所有特色小镇要建设成为 3A 级旅游景区，既是产业小镇，也是旅游重镇，同时要求发展旅游产业的特色小镇要按 5A 级景区建设。特色小镇强调"产城文旅"功能融合（马斌，2016），要使产业发展与人文环境有机融合，充分挖掘历史资源和文化遗存，包括大运河、丝绸之路、古城、古镇与古村落等，要充分使产业发展与休闲旅游有机结合，充分利用浙江省"七山一水二分田"的地形地貌，以及丰富的山水林田湖等生态资源。因此，虽然浙江省的特色小镇不是从更加地域化的生态人文要素出发，而是从产业发展角度出发所形成的特色小镇，但塑造更加基于地域化的新经济方向是殊途同归的。

8.4 基于地域化发展模式的案例研究：安吉、高淳和崇明岛

8.4.1 安吉县：基于美丽乡村的转型发展

安吉县地处长三角核心区的外围，距离上海约 200 公里，距离杭州约 65 公里，距离南京约 270 公里，是典型的山区丘陵地区，经济发展水平和城市化水平一直不高。2005 年 8 月，时任浙江省委书记习近平同志在安吉考察时提出"绿水青山就是金山银山"的理念。在此基础上，安吉县统一思路，提出了工业发展的负面清单，不搞有污染的工业同时强调建设美丽乡村，通过美丽乡村的建设带来新经济的活动。其核心理念强调从自然环境特征和人文价值取向出发，强调城与乡的统筹发展，定位"美丽乡村、优雅竹城"，走内涵式发展的道路（修福辉，2013）。

据此，安吉县提出发展"中国竹乡"、"美丽乡村"、"生态县"三张名片，强调生态度假旅游，突出地方山、水、竹、茶要素，形成优雅竹城。

安吉县国民经济和社会发展十三五规划也明确"生态+"产业，重点发展"123"产业体系（《安吉县国民经济和社会发展第十三个五年规划纲要》）。"1"为一大优势产业即健康休闲产业；"2"为两大主导产业，即绿色家居、高端装备制造业；"3"为三大新兴产业，即信息经济、通用航空、现代物流，突出健康与旅游两大主题。

总体而言，从安吉城乡规划和产业规划可以总结安吉地域化发展模式的特点：一是充分利用地域化的三大要素，包括生态环境、魅力乡村以及竹文化；二是基于地域要素来发展经济，主要包括健康与旅游两大主题。近年来，随着安吉县的旅游休闲发展向好，一些文化产业也开始进入安吉，安吉则从传统工业化的老路开始转型，开始为生态旅游嫁接植入文化教育等新的产业，走出了一条特色发展的道路，成为长三角产业分工的重要组成部分。

8.4.2 高淳国际慢城案例研究：地域化与国际标准的结合

高淳区位于南京市域最南端，其地形地貌主要是低山丘陵，是传统的农业大县和历史文化名城（2013年撤县改区）。对于这样一个相对边缘地区，高淳充分利用本土化要素，走出了一条不一样的发展之路。其发展的核心理念是把"最美乡村与慢城标准"相结合。2005年，高淳把"生态立县"作为全县的发展战略，把桠溪镇作为慢城的空间承载地，将独特的地理环境与慢城标准结合起来发展，强调把绿色经济与慢城运动相结合，以及文化保护与慢城运动相结合。同安吉类似，高淳首先确定项目的负面清单，禁止高污染高能耗项目进入，同时发展生态农业与绿色食品，包括有机茶园和特色经济农场，桃花村杏花村石榴村等。同时保护高淳已有的历史遗存，彰显文化特色。

慢城运动其实是对快速工业文明的一种辩证反思。慢城运动起源于意大利记者CARLO对麦当劳的反省，倡导慢餐运动，随后从慢餐运动逐渐转向慢城运动。1999年，意大利的四个小城市基亚文纳、布拉、波西塔诺、格雷韦因基安蒂联合发布了《慢城运动宪章》，提倡建立一种慢生活节奏主导的城市形态，理想人口在 5 万以下，防污染反噪声，没有快餐，支持传统手工业方法，支持绿色能源。2010 年高淳加入"慢城"组织。

高淳的发展是地域化生态文化乡村要素与国际慢城的标准相结合，从而产生的一种新发展路径和模式。高淳的地域化特征主要为三分山、两分水、五分田的生态背景，以吴楚文化为代表的乡村环境，以慢行慢餐为代表的慢生活方式（何霞，2014），从而逐渐发展生态农业、旅游休闲产业。高淳是把地域化要素与国际标准相结合从而彰显其价值的典型代表。当然也有学者认为这是全球消费文化蔓延与本土城乡环境相叠合的产物，会对传统乡村空间造成较大的冲击，是城市消费者强势话语的产物，带有城市强烈的烙印（高慧智，2014）。但其实这正是地域化与全球化相结合的一种力量，我们不能简单回避，全球本土化是全球城市等级化、网络化的第三种力量，这种力量能够促进那些边缘地区的发展，从而促进区域发展的平衡。这种力量应该以鼓励为主，从而推动本土化要素在全球化与区域化进程中展现独特价值。

8.4.3　崇明岛案例研究：基于生态与乡村价值的探索

崇明岛隶属上海市，位于长三角出海口，是一个典型的生态地区，在上海城市总体规划 2035 中将崇明岛定位为世界级的生态岛。对于这样一个非城镇密集地区如何发展，成为当前学界和政界讨论的焦点。对于当地居民而言，面临"生态环境好是好，就是吃不饱"的问题；对于上级政府来说，希望能够守住生态底线，建设世界级生态岛；对于学界而言，这一地区远离全球城市网络体系，应该从地域化发展的角度，寻找到独特的发展路径，从而促进这一地区"既要生态好也要吃得饱"，实现一种再平衡。

（1）地域化的核心要素：生态价值与乡村价值

首先观察崇明岛的现状。崇明岛目前总面积约为 1141 平方公里，占上海市面积的 18%，也是中国的第三大岛，常住人口约为 70 万人。这个地区具有以下几个特征：第一，生态条件非常好，拥有最优的空气质量，也拥有上海最好的水质，岛上森林覆盖率达到 20% 左右，是候鸟的天堂；第二，这里农业基础也好，目前全区还有 37 万人在乡村，占总人口的 52%。

但是崇明岛当前存在的较大问题是人均收入水平相对较低，同时人口老龄化比较严重。同时崇明过去在产业发展中也走了许多弯路，崇明岛的区位条件一般，并不适合大规模的工业发展，过去崇明岛为了发展，引进了一些有污染的企业，2010 年上海为了加强崇明岛世界级生态岛的建设，明确提出一些有污染的企业必须关停并转。这一政策的出台，使崇明岛的就业岗位进一步减少，财政来源主要靠转移支付。对于这一生态型地区如何形成可持续发展动力，如何在大保护的前提下，"在保护当中发展，在发展当中保护"成为当前的核心议题之一。

总结地域化发展模式，核心是梳理地域化要素，并基于这些要素进行发展。总结崇明的核心地域化要素主要有两个：一是生态价值，二是乡村价值，这一地区的发展模式是要处理好"＋生态"与"生态＋"（孙娟，2018），以及城市与乡村的关系。

（2）"＋生态"与"生态＋"的发展战略

地域化发展战略的核心就是基于具有战略意义的本土价值发展模式。在崇明岛，核心战略是要大力推进"＋生态"战略，坚持生态优先，厚植生态基础。在崇明岛规划中，提出着力推进"五个＋"，一是要＋生态底线，按照山水林田湖是一个系统的观点，通过划定生态底线来充分提升世界级生态的生态价值。二是要＋生态资源，崇明岛作为世界级生态岛，要以提高生物多样性为主要目标，提高湿地、森林的比例。三是＋生态网络，要把生态进行有机联系起来，形成各层次的蓝绿生态网络空间。四是要＋生态节点，郊野公园等为人服务的生态空间也是"＋生态"战略的重要组成部分，要形成能为人服务，方便老百姓使用的各级公园。五是要＋生态修复，对一些生态环境破坏严重的地方要进行生态修复工程，尽量减少人工干预。

其次要积极稳妥推进"生态＋"战略，发挥生态优势，促进生产、生活、生态空间融合发展。崇明岛规划中提出了推进"＋三个力"的发展战略：一是生态＋活力，通过改善人居环境，吸引高端人才，可以通过各种会议、体育赛事来增强活力，同时提升其在国际的地位和影响力。二是生态＋动力，基于生态基础上的生态经济、服务经济、创新经济是崇明生态岛可持续发展的关键，要关注旅游产业、绿色农业产业和新经济产业，发展现代农业，提升休闲旅游能级，拓展文化创意智慧数据为核心的创新产业等。三是生态＋魅力，按照"中国元素、江南韵味、海岛特色"的总体城市设计目标，把有生态的地方变成有风景的地方，按照全域景区的理念建设有特色、有文化、有风景的崇明岛。

（3）乡村的活化与新经济的引入

崇明岛是一个典型的乡村型生态岛（郑德高，2018）。崇明岛的乡村空间沿着主要的河渠布局，布局相对分散，但规模较大，崇明岛 70 万人口，差不多有一半人居住在乡村，建设用地中的 65% 是农村宅基地，乡村的人口与建设是崇明生态岛建设不可忽视的主体，也很难简单推倒重来，从可持续发展和世界级生态岛的角度，要研究崇明生态岛乡村的活化问题。

对生态地区的"城市与乡村"而言，传统上习惯把城市和乡村二元对立起来，为了城市化的指标，硬性地拆村并点情况比较多。实际上生态地区的乡村有其独特的价值，要高度认识生态地区的乡村价值。荷兰兰斯塔德地区著名的绿心，在绿心地区大量的是乡村和农业的发展，政府的政策核心是保护该地区避免被城市过度地侵入。因此，对于崇明岛地区，不应盲目地推进城镇化，要将城镇和乡村发展和谐统一起来。

生态地区乡村建设绝不能简单地减量拆并与集中安置，必须以乡村环境生态化、生产生活方式现代化作为核心任务。乡村发展的重点在于存量空间的活化更新，在乡村现代化的过程中，环境整治和风貌提升是重点，把乡村环境与水环境、绿环境和农田环境有机集合起来。同时要保障农民生活的基本公共服务，可以按照"城镇圈"的方式，按照服务范围和服务人口来配置，关键是促进生产方式和生活方式的现代化。

同时乡村建设应以设计提升乡村价值,以新经济植入谋划乡村转型。倡导"设计创造价值",鼓励设计师、艺术家参与农村的建筑改造、景观营造,充分挖掘存量宅基地和闲置地的价值。同时应当以特色的村落来进行乡村复兴建设的示范,鼓励发展一批生态环保型、旅游民宿型、文化艺术型、养身休闲型的示范村落(郑德高,2017),同时结合互联网的发展来带动乡村地区的发展,从而实现生态型的高质量发展,实现城镇密集地区与非城镇密集地区的再平衡。

8.5　小结：边缘化地带的空间再平衡

本章重点阐述了在非城镇密集地区,一般也是全球化边缘地带的新发展模式问题。总体来说,这类地区远离工业化和全球化,在区域也属于边远地区,经济发展水平相对落后。对于这些地区,从国家政策的角度,一方面需要其保护生态环境或者地方文化,另一方面需要提高其人均收入水平,促进落后地区与发达地区的平衡发展。

因此,这类地区的发展模式成为政府和学界的关注重点,世界银行推荐的发展模式希望全球化的集聚与边缘地区的发展并行不悖、和谐发展。对于这类地区的发展模式,中国政府也提出了"绿水青山就是金山银山"的发展理念,许多地方进行了积极的探索。

总结下来,这类地区的发展模式就是基于地域化的"生态人文新经济"发展模式,横轴就是生态、人文、乡村等地域化的要素需要保护、挖掘与活化,强化这些要素的地域化特征。纵轴就是要逐渐挖掘这些地域化要素的价值,从旅游休闲,到绿色产业,到新经济发展,通过地域化要素价值的再挖掘,实现边缘化地带的空间再平衡。

第 9 章

结论

9.1 研究创新：区域化视角下经济地理空间重塑的形成机制

从全球经济地理的变化来看，全球化以及由此形成的"时空压缩"以及"流的空间"对全球城市体系产生了深刻的影响。全球化对城市和经济地理也随着第三次城市化浪潮（知识 - 文化经济时代）的推进在全球范围内展开，同时中国的城镇化发展也进入到一个新阶段，城市的发展走向区域化，即所谓的城市区域化特征也越来越明显。同时由于大城市病日益突出，区域协同发展也是当前区域发展的核心命题，区域发展的不平衡问题需要国家从战略层面提出解决的政策和路径，这些都可能会带来中国经济地理的新一轮重塑。如何认识新一轮经济地理重塑的形成机制以及促进其发展的力量是本文试图解决的问题。总体而言，新一轮的经济地理重塑主要表现在以下几个方面：

（1）全球城市体系的形成机制在发生变化，总体的变化趋势是由克里斯泰勒的中心地理论转向了以萨森为代表提出的全球城市网络理论。城市等级化的发展模式发生深刻转变，在传统的经济地理格局中，城市主要是为周边地区服务的，服务的范围越大，城市的规模也越大。在全球化的新经济地理格局中，城市对资本的支配能力与服务能力越高，其在全球网络中的等级也越高。

（2）在经济地理重塑中，城市的经济活动会越来越集中在几个地区。世界银行总结经济地理重构核心是集中化、沿海化的趋势，在全球经济中会越来越集中在几个巨型地区。《美国2050》认为美国的经济活动会集中在11个巨型城市区域，欧洲也总结为8大巨型地区。中国的经济活动目前主要集中在以珠三角、长三角、京津冀为核心的城市群内，此外中部、西部、东北等地区也有一些城市群在崛起。同时城市群的范围和联系强度也在不断加强，这是一种比较典型的区域化特征，城市走向区域也代表全球城市功能在一定地域范围内通过功能分工来组织经济活动。

（3）全球城市网络理论带来的经济地理变化是主要的经济活动在城镇密集区展开。而与此同时，在广大非城镇密集地区，或者被全球城市网络边缘化的地区面临着发展的瓶颈问题。按照世界银行对经济地理的认识是期望在不平衡的经济集聚规律中寻找地区之间再平衡，让城镇密集地区与非城镇密集地区的人均收入呈现经济收敛，并形成和谐发展的态势。因此全球本土化的概念被提出，其希望是那些曾经处于边缘而没有话语权的地域，通过彰显地域优势，且借助高科技和国际化而得到崛起，这也是一种新的经济地理现象。而这一地域化的发展模式在中国还处于起步阶段，需要从理论、方法路径上寻找到其形成的规律和机制。

9.1.1 区域再平衡的三种力量：等级化、网络化、地域化

本文在总结新一轮的经济地理变化的理论基础和实践基础上，认为全球经济地理的变化核心是三种力量相互作用的结果，即等级化、网络化、地域化。

等级化的核心是全球城市网络对各级城市的影响所导致的。过去城市等级化核心是规模等级，一般来说，人口规模越大，其等级越高，其服务的范围也越大，这可以通过克里斯泰勒的中心地理论解释。但是全球城市等级化的结果是指那些位于全球城市网络的顶端城市，它们有更强的资本控制能力和资本服务能力，通过一级一级的全球城市网络为资本的流动建立一个无形的框架，用"看不见的手"控制着全球的经济活动。顶尖的城市不见得是规模最大，但是对资本的控制能力是最强的。因此，城市对资本的控制能力和服务能力是衡量城市等级的重要标准，城市也希望从低一级的城市网络向更高一级的城市网络变化，由此形成新一轮的城市等级变化。而这一轮城市等级化的演变也是新一轮经济地理重塑的重要标志。等级化主要表现为价值区段的等级化（从劳动密集型产业、技术密集型产业到生产性服务业的不同）、人口规模的等级化，以及在空间所形成的核心地区、潜力地区与外围地区等。

网络化力量的核心是城市要融入全球或区域的功能性网络，按照流的空间理论，城市之间网络联系（流的空间）要取代地理临近所产生的联系（或者场

所空间），同时经济地理重塑所带来的区域化更多是区域城市之间的网络联系，城市群或巨型区域的形成更多是城市网络之间的联系，城市之间的相互网络也形成更大的规模化经济。同时除了区域内部网络，对外联系的全球城市网络也是经济关系的另一种联系方向，网络化的力量导致"世界是平的"这种新经济地理现象，世界越来越等级化与越来越网络化，看似相互别扭的两种力量在作用着城市或区域。网络化的力量包括实体网络与功能网络，实体网络包括高铁网络、航空网络等交通网络，这些是全球"超级链接"的一部分，同时实体网络影响着虚拟的功能网络，功能网络的测量现在更多是通过企业 - 分支机构网络得到验证。当然功能网络也可以通过投资网络、上市公司网络、信息交流网络来测量和验证。在中国由于城镇化还在剧烈变化之中，人口流动网络也形成了一种城市之间关联网络的重要标志。

地域化力量是指在全球城市网络之外的非城镇密集地区通过全球本土化方式崛起，并由此形成区域或区域空间再平衡的一种力量。地域化力量是指充分利用本土化的生态要素、人文要素、乡村要素与国际化和现代化的方式结合而充分显现出来的一种新的价值。这种地域化的价值包括从旅游休闲、绿色产业以及新经济等多方面的价值区段，集中体现在地域化的"生态人文新经济"模式。

9.1.2 国家层面经济地理空间重塑的形成与发展

中国的经济发展受全球化、区域化与本土化力量的多重作用，在城市转型发展和城市区域化以及区域协同发展的背景下，在等级化、网络化和地域化的力量作用下，经济地理重塑主要受到以下几个方面的影响：

（1）在国家层面，当前区域经济发展的核心问题是区域之间和城乡之间发展的不平衡问题，认识中国的经济发展不平衡核心可以从人口流动和经济发展水平的差异来衡量。总体来看，中国东中西发展还不平衡，但中西部的经济发展在加速，东中西经济发展呈现收敛的态势，中西部开始出现人口回流。但是南北问题更加突出，东北振兴成为区域经济发展的重要政策取向。这种不平衡主要体现在两个方面：一是区域之间发展的不平衡，表现为区域所形成的城市群之间发展也不平衡；二是城镇密集地区和非城镇密集地区之间的发展不平衡，从广义上来说也是城乡之间发展的不平衡。

（2）国家区域发展政策的核心是期望不同的区域实现再平衡，从而带来经济地理的重塑。再平衡的核心主要包括两点：一是在等级化和网络化作用下，国家在城市体系中会形成新的中心城市体系，一些更高层级的能代表中国参与全球竞争的全球城市和国家中心城市会逐步形成。二是随着网络化的延展和联系强度的强化，经济地理空间再集聚和再扩散同时形成，在国家层面会形成 5 个左右的巨型城市地区以及多个城市群，未来国家之间的竞争更多的是巨型城市地区之间的竞争。

（3）区域之间发展不平衡还体现在城镇密集地区和非城镇密集地区之间不平衡。非城镇密集地区的发展要通过地域化（或全球本土化）的方式来促进不同类型地区之间再平衡。在国家层面，通过自然资源和人文资源的评价识别国家魅力发展地区，魅力发展地区的核心是挖掘地域文化要素，彰显地域文化价值，实现本土意义的就地城镇化与乡村现代化的方式。一些国家魅力特色发展区通过旅游休闲、绿色产品以及新经济的发展来实现"绿水青山就是金山银山"的新发展范式。

9.1.3　长三角经济地理空间重塑的形成与发展

经济地理重塑在国家层面由于研究资料所限，实证研究得相对较少，而在长三角层面，经济人口企业关联的数据较多，更多是通过数据的分析来验证长三角经济地理重塑演变的内涵，以及在经济、人口、空间上的实证表现。

（1）首先在长三角的等级化方面，长三角的等级化特征通过价值区段的等级化、人口的分层城镇化以及空间的分区得到实证检验。从价值区段来看，长三角形成了较为完整的产业链，从生产性服务业到技术密集型产业到劳动密集型产业等。总体来看，长三角呈现出高价值区段越来越集中，低价值区段功能向外围地区扩散，中价值区段主要集中在沿江沿海的潜力地区的发展态势，以"价值区段"

为特征的垂直分工趋势正在显现。从人口分层城镇化来看，总体城镇体系的分层曲线是平滑的，意味着大中小城市协调发展的态势比较明显，但人口增量两端集聚的态势出现。从空间分区来看，核心区在扩大，潜力区在逐步形成并缩小了与核心区的差距，外围区需要寻找更多的发展动力。

（2）从关联网络来看，以生产性服务业为例，上海龙头地位突出，杭州、南京作用明显，区域的主次结构越来越清晰。从新经济关联来看，杭州地位崛起，基本形成杭州、上海双中心的格局。总体来看，上海作为卓越的全球城市其地位突出，杭州作为新经济的发展代表，迅速崛起。人口关联网络表现为区域内人口流动和省内人口流动都在加强的态势，长三角人口自由流动与一体化的趋势比较明显。从空间关联网络来看，在区域网络形成与扩大的同时，核心区带动的都市圈的同城化趋势在加强，城市之间基于交通、功能联系所形成的发展廊道正越来越明显地发挥着作用。

（3）从地域化所形成的魅力区发展模式来看，长三角许多地区已经走出了一条"绿水青山就是金山银山"的发展路径。安吉基于美丽乡村的转型，高淳基于慢城标准的转型，崇明岛基于"＋生态"与"生态＋"的转型。总结其发展模式就是基于地域化的"生态人文新经济"发展模式，横轴就是生态、人文、乡村等地域化要素的挖掘，纵轴就是这些地域化要素的价值彰显，从旅游休闲，到绿色产业，到新经济发展，实现边缘化地带的空间再平衡。

9.2　本书研究不足

（1）随着新经济的快速发展，互联网的崛起，区域经济地理重塑是当前研究的一个热点领域。但是经济地理的发展变化涉及的因素错综复杂，对于转型的中国尤其如此：中国各个地区的发展差距大，有的已经是工业化后期，有的还是在工业化中期，有的地区还是典型的农村地区，还有大量的扶贫地区。一个研究的切入点可能适合解释发达地区，但并不能解释欠发达地区的经济地理现象。本文试图在错综复杂的各种现象和成因当中，选取一个既能符合国际语境，又能对中国的经济地理现象进行适当解释的要素。因此，在总结各种引起变化的力量上选取了有点矛盾，但又相互作用的三种力量，构建了"等级化、网络化、地域化"作为解释当前许多经济地理或区域规划中的许多空间重构背后的成因。并且以"经济 - 人口 - 空间"作为研究的维度，通过能够获得的一些数据作为研究的基础。虽然等级化与网络化能够解释一些现象，但是导致等级化的背后机制到底是什么，是制度、还是资本、还是民众的喜好等，本研究显然还没有进一步解释出来。同时网络化的过程有多种因素可以测度，但是本文只能通过企业关联网络来解释部分现象，显然城市的关联网络更加复杂，不仅仅是企业之间的关联，通信之间的关联、文化之间的关联、日常人口流动的关联，由于很难获得进一步的详细数据，所以有些解释也不能特别清楚。第三种力量这里简称"地域化"的力量，由于本文缺乏更多的实证数据分析，更多是用多个案例观察来解释，其解释力同前面两种力量对比起来，更显得粗糙一些。同时，这种地域化的力量还只能解释一些具有本土化资源的地区，而广大的以农村为主要特征的外围地区，不能都通过旅游休闲等价值挖掘来实现，这种力量只能实现部分地区的再平衡，而广大的外围地区还是不平衡的。显然这三种力量来解释经济地理重塑有不足之处。

（2）本书从国家层面和长三角层面来解释经济地理重塑的动力与形成机制，显然两个空间层面的研究有点过于宽泛，尤其在国家层面的研究还缺乏更详细的数据来支撑。国家层面的经济地理重塑涉及的范围大，数据量也大，分析研究还可以依托更详尽的数据。当然，国家层面的经济地理重塑涉及内容更多，而且行政因素、市场因素、环境因素、文化因素相互交织，使得三种力量难以解释东北地区的衰落。在长三角地区，由于文化环境、市场环境有类似的地方，似乎解释力更强一些。一般来说，不同的空间尺度、不同的发展阶段，其背后经济地理重塑的机制更加不同，在不同的空间尺度上应该有不同的解释，显然本文在此方面还有较大的欠缺。

（3）本书的数据支撑一些是基于企业关联度，一些是基于全国第五次和第六次人口普查的数据，由于时间跨度较长，有些数据比较陈旧，尤其人口的数据不能做到最新，在研究长三角内部人口流动时，由于缺乏城到城的人口，是依靠假设进行分配的，显然数据的准确性有待加强。

9.3　研究展望

9.3.1　需要进一步研究三种力量的互动关系

本书提出了等级化、网络化与地域化来解释国家和区域层面的地理重塑，显然经济地理变化不是某种力量单一作用的结果，更多是相互作用的力量，而且等级化和网络力量还在某种程度上看似矛盾，在地域化的研究中，如果能和全球化相结合，其地域化的力量更加显现。所以这三种力量是相互作用的，应该更进一步研究这三种力量是如何相互作用的，或者在网络化之后有个再集聚的过程，最近在杭州城市发展战略研究中也开始观察到这种现象。

其次每种力量在地区的作用显然需要用一个历史观察的视角，等级化力量就是如此。过去城市发展借鉴克里斯泰勒的中心地理论，一级城市为一级城市服务，城市的等级化更多的是与其服务的腹地相关。但是全球化时代，城市的等级更多是用和世界的全球城市的关联度来定义，上海与伦敦、纽约的关联度很高，表明上海的等级越来越高，城市的控制力和影响力也越来越强。从等级化的历史维度来看，控制力和辐射力在不同的时间阶段上，其影响力的形成机制是不同的，未来新区域主义和保护主义又开始兴起，就等级化而言，是区域腹地更重要还是全球更重要，会有个此消彼长的过程，因此未来研究需要从历史的维度来进一步分析力量的变迁和演变。

同样网络化分析也是如此。任何一个城市和地区也存在外部的网络联系，以及内部的相互联系，在过去全球化的影响力较小时，其内部区域关联网络更重要，全球化之后，外部的关联网络更重要。过去强调地理临近，未来强调功能网络，地理临近与功能网络在不同时间段其作用也是不同的，通过相互关联的分析以及从历史纵深的分析，更能解释经济地理的变化。

地域化的分析还只是刚刚开始，应该说地域化是全球化相对而言的概念，但是从二元的观念来看待地域化显然是不能解释当前的经济地理现象的，反而是地域化结合全球化形成所谓全球本土化更能解释当前经济发展，对当前区域的经济地理重塑有更大的影响。地域化与全球化在不同时间维度上其作用大小也是不同的，希望以后能够进一步加强从历史演变的维度对地域化以及全球化的分析。

9.3.2　需要进一步加强实证与大数据研究

当前已经进入大数据时代，实时的大数据更能反映经济地理重塑的状态以及变化情况。当前大数据分析可以说有喜有忧，一方面，认为研究缺了大数据其研究结果就不可信，学术研究已经存在大数据依赖了；另一方面，大数据研究数据整理、筛选其实是一个很重要的工作，否则同样一组大数据可能得出完全相反的结论。所以希望以后的研究中要把握数据的准确性，以及选取数据的科学性，才能更好地得出科学的结论。这是在以后研究中需要进一步把握的问题。

此外，很多关于地域化的研究部分，本文主要基于实证的观察为主，缺乏数据的分析，尤其从再平衡发展的角度，关键是要研究发展的趋势，显然本文对这个研究还有较大的欠缺，要把实证研究与大数据研究结合起来，从横向与纵向的维度来把握研究的科学性和前瞻性是以后研究的重点。

9.3.3　需要进一步加强区域研究的应用价值

中国区域发展目前面临最大的问题是区域发展的不平衡问题，而本书虽然涉及当前区域的不平衡，但还未能提出平衡发展对策和实施路径。

前面已经讲到中国经济面临东中西的不平衡，以及南北的不平衡，目前南北的不平衡问题更加突出，尤其是东北振兴。如何在区域研究中从国家战略层面提出振兴东北的对策，显然是以后重点研究的方向。包括西部大开发的问题，中部崛起的问题，是通过加大特大城市的投入，先解决等级化的问题，还是加强中小城市培育，促进区域网络的形成等，都有待回答。本文由于篇幅所限，以及能力所限，没有回答当前中国最关心的问题，希望后面的研究中，重点关注区域研究的应用价值，尤其是解决方案与路线图，这是研究的最重要的方向，也是期望后面进一步研究的方向。

参考文献

[1] Castells M. The informational city：Information technology，economic restructuring，and the urban-regional process[M]. Oxford：Basil Blackwell，1989.

[2] Friedmann J. Where we stand：a decade of world city research[J]. World cities in a world system，1995：21-47.

[3] Baskin C W. Central places in southern Germany[J]. Translation of Christaller W：Die Zentralen Orte in Süddeutschland. Englewood：Prentice-Hall，1966.

[4] Scott A. Global city-regions：trends，theory，policy[M]. Oxford University Press，2001.

[5] 诺南·帕迪森. 城市研究手册（国外发展战略决策智库丛书）[M]. 上海人民出版社，2009.

[6] 世界银行. 2009 年世界发展报告：重塑世界经济地理 [M]. 清华大学出版社，2009.

[7] 金元浦. 全球本土化，本土全球化与文化间性 [J]. 国际文化管理，2013（0）：4.

[8] 约翰·冯·杜能. 孤立国同农业和国民经济的关系 [M]. 商务印书馆，2011.

[9] 陈振汉，厉以宁. 工业区位理论 [M]. 人民出版社，1982.

[10] Christaller W. Central places in southern Germany [M]. Gustav Fischer，1933.

[11] Dunn E S，Woglom W H. The Economics of Location，August Losch[J]. Journal of Farm Economics，1955，37（2）：376.

[12] Ohlin B. Interregional and International Trade[M]. Cambridge，MA：Harvard University Press，1957.

[13] 马歇尔. 经济学原理 [M]. 商务印书馆，2011.

[14] Isard W. Location and space-economy：a general theory relating to industrial location，market areas，land use，trade，and urban structure[M]. Technology Press of

Massachusetts Institute of Technology，Wiley，Chapman & Hall，1956.

[15] J JACOBS. The Economies of Cities[M]. New York：Random House，Inc，1969.

[16] Krugman P R. Increasing Return and Economic Geography[J]. Journal of Political Economy，1991，99（3）：483-499.

[17] Lanaspa L F，Sanz F. Multiple equilibria，stability，and asymmetries in Krugman's core-periphery model[J]. Papers in Regional Science，2010，80（4）：425-438.

[18] 藤田昌久，保罗·克鲁格曼，安东尼·J·维纳布尔斯等. 空间经济学：城市、区域与国际贸易 [M]. 中国人民大学出版社，2011.

[19] Goldstein G S，Gronberg T J. Economies of scope and economies of agglomeration[J]. Journal of Urban Economics，1984，16（1）：91-104.

[20] 杨小凯. 企业理论的新发展 [J]. 改革，1993（4）：59-65.

[21] 藤田昌久. 集聚经济学：城市产业区位与区域增长 [M]. 西南财经大学出版社，2004.

[22] Paul Hirst，Grahame Thompson. The problem of "globalization"：international economic relations，national ecnomic management and the formation of trading blocs[J]. Economy & Society，1992，21（4）：357-396.

[23] 潘卡吉·盖马沃特，王虎. 世界进入 3.0[M]. 中信出版社，2012.

[24] 程必定. 区域的外部性内部化和内部性外部化 [J]. 经济研究，1995（7）：61-66.

[25] Baldwin R E，Martin P. Agglomeration and Regional Growth[J]. Handbook of Regional & Urban Economics，2004，4（04）：2671-2711.

[26] Canfei He，Y. H. Dennis Wei，Fenghua Pan. Geographical Concentration of Manufacturing Industries in China：The Importance of Spatial and Industrial Scales[J]. Eurasian Geography & Economics，2007，48（5）：603-625.

[27] 艾萨德. 区位与空间经济：关于产业区位、市场区、土地利用、贸易和城市结构的一般理论 [M]. 北京大学出版社，2011.

[28] 王岚，罗小明. 从俄林到克鲁格曼：区位对贸易意味着什么？——区际贸易理论和新经济地理学的比较 [J]. 当代财经，2012（12）：104-111.

[29]   方在农. 从熊彼特的创新理论说起 [J]. 自然杂志，2006，28（2）：114-115.

[30]   埃弗雷特·李，廖莉琼，温应乾. 人口迁移理论 [J]. 南方人口，1987（2）：34-38.

[31]   Zelinsky W. The Hypothesis of the Mobility Transition[J]. Geographical Review，1971，
        61（2）：219-249.

[32]   Heberle R. The Causes of Rural-Urban Migration a Survey of German Theories[J].
        American Journal of Sociology，1938，43（6）：932-950.

[33]   刘易斯. 二元经济论 [M]. 北京经济学院出版社，1989.

[34]   钱纳里. 发展的型式 [M]. 经济科学出版社，1988.

[35]   张榫榫. 中国农村剩余劳动力的流动问题初探——结合中国实际对刘易斯模型的新
        探索 [J]. 中国海洋大学学报：社会科学版，2008（6）：47-49.

[36]   P·J·M·波特斯. Connector with floating terminals，CN 102210063 A[P]. 2011.

[37]   Friedmann J. The World City Hypothesis[J]. Development & Change，2010，17（1）：
        69-83.

[38]   Sassen S. The Global City. New York，London，Tokyo[M]. Princeton University Press，
        1991.

[39]   Kunzmann，Wegener. The pattern of urbanization in Western Europe[J]. Ekistics；reviews
        on the problems and science of human settlements，1991，58（350-351）：282.

[40]   Taylor P J，Catalano G，Walker D R F. Measurement of the World City Network [J].
        Urban Studies，2002，39（39）：2367-2376.

[41]   Smith. World city actor-networks. Progress in Human Geography[J]，2003，27（1）：
        25-44.

[42]   Castells M. The Information Age：Economy，Society and Culture. Volume I：The rise of
        the network society[M]. Blackwell Publishers，Inc. 1996.

[43]   Brenner N. Global Cities，Glocal States：Global City Formation and State Territorial
        Restructuring in Contemporary Europe[J]. Review of International Political Economy，
        1998，5（1）：1-37.

[44] Jessop，Bob. Post - Fordism and the State[M]. Comparative Welfare Systems. Palgrave Macmillan UK，1996：251-279.

[45] Peter Hall and Kathy Pain. The polycentric metropolis：learning from mega-city regions in Europe[M]. Earthscan UK，1988.

[46] 越新 . 全球化视野下的多中心城市群 [J]. 中国西部，2012（19）.

[47] 王淳 . 新区域主义理论脉络及研究动态述评 [J]. 商业研究，2009（1）：46-50.

[48] Roland Robertson，Globalization：Social Theory and Global Culture，SAGE，1992.

[49] 鲍时东 . 地域性与艺术创作 [J]. 文艺争鸣，2010（3）：132-134.

[50] 王详 . 试论地域、地域文化与文学 [J]. 社会科学集刊，2004（4）.

[51] 李进 . 18 世纪英国自然风景造园思想的成因和实践 [D]. 北京师范大学，2008.

[52] 王国恩，杨康，毛志强 . 展现乡村价值的社区营造——日本魅力乡村建设的经验 [J]. 城市发展研究，2016，23（1）：13-18.

[53] 顾朝林 . 巨型城市区域研究的沿革和新进展 [J]. 城市问题，2009（8）：2-10.

[54] 于涛方 . 中国巨型城市地区：发展变化与规划思考 [J]. 城市与区域规划研究，2015，7（1）：16-67.

[55] Florida R，Gulden T，Mellander C. The rise of the mega-region[J]. Cambridge Journal of Regions，Economy and Society，2008，1（3）：459-476.

[56] 张纯，贺灿飞 . 大都市圈与空间规划：国际经验 . 国际城市规划，2010，25（4）：85-91.

[57] 武廷海 . 纽约大都市地区规划的历史与现状——纽约区域规划协会的探索 [J]. 国际城市规划，2000（2）：3-7.

[58] 武廷海,高元 . 第四次纽约大都市地区规划及其启示 [J]. 国际城市规划,2016,31（6）：96-103.

[59] Lang Robert，Arthur Nelson. Beyond the Metroplex：examining commuter patterns at the 'megapolitan' scale[J]. Cambridge，MA：Lincoln Institute of Land Policy，2006：19-20.

[60] RPA, America 2050 [EB/OL]. http://www.america2050.org/（访问时间 2019 年 4 月 12 日）

[61] 史育龙，周一星. 戈特曼关于大都市带的学术思想评介 [J]. 经济地理，1996（3）：32-36.

[62] Landis J. The Changing Shape of Metropolitan America[J]. Annals of the American Academy of Political & Social Science，2009，626（1）：154-191.

[63] Gottmann J. Megalopolis：the urbanized northeastern seaboard of the United States[M]. Twentieth Century Fund，1961.

[64] Sassen S. The Global City：New York，London，and Tokyo[J]. Political Science Quarterly，2001，107（2）：501-502.

[65] 张晓兰. 东京和纽约都市圈演化机制与发展模式分析 [D]. 吉林大学，2010.

[66] 张越，房乐宪. 欧盟可持续发展战略演变：内涵、特征与启示 [J]. 同济大学学报（社会科学版），2017（6）：36-46.

[67] 李艳，陈雯. 欧洲空间展望的简介与借鉴 [J]. 国际城市规划，2004，19（3）：33-36.

[68] 霍尔，佩恩，罗震东. 多中心大都市区 [M]. 中国建筑工业出版社，2010.

[69] 于涛方. 评《多中心都市区：欧洲的巨型城市区》[J]. 城市与区域规划究，2008，1（01）：141-143.

[70] 赵星烁，邢海峰，胡若函. 欧洲部分国家空间规划发展经验及启示 [J]. 城乡建设，2018（12）.

[71] Áron Kincses，Nagy Z，Tóth G. THE SPATIAL STRUCTURES OF EUROPE PROSTORSKE STRUKTURE V EVROPI[J]. Acta Geographica Slovenica，2013，53（1）：1-36.

[72] 翟国方. 日本国土规划的演变及启示 [J]. 国际城市规划，2009，24（4）：85-90.

[73] 日本国土厅. 日本第四次全国综合开发计划 [M]. 中国计划出版社，1989.

[74] 蔡玉梅，顾林生，李景玉等. 日本六次国土综合开发规划的演变及启示 [J]. 中国土地科学，2008，22（6）：76-80.

[75] 尾岛俊雄，风存荣. 21 世纪的东京规划 [J]. 世界建筑，1989（4）：60-65.

[76] 马海涛，罗奎，孙威等．东京新宿建设城市副中心的经验与启示 [J]. 世界地理研究，2014，23（1）：103-110.

[77] 尹德森，段瑜．后工业化时期的城市规划一瞥——以日本名古屋为例 [J]. 新建筑，1999（1）：60-42.

[78] 范恒山．中国促进区域协调发展的理论与实践 [J]. 经济社会体制比较，2011.

[79] 孙久文．从高速度的经济增长到高质量、平衡的区域发展 [J]. 区域经济评论，2018（01）：1-4.

[80] 陆铭．大国大城：当代中国的统一、发展与平衡 [M]. 上海人民出版社，2016.

[81] 艾伦·J·斯科特．浮现的世界：21世纪的城市与区域 [M]. 南京：江苏凤凰教育出版社，2017.

[82] 张耀军，岑俏．中国人口空间流动格局与省际流动影响因素研究 [J]. 人口研究，2014，38（5）：54-71.

[83] 蔡昉．中国的人口红利还能持续多久 [J]. 经济学动态，2011（6）：3-7.

[84] 陈波，吴丽丽．人口红利、劳动力素质与中长期经济增长的关联 [J]. 改革，2011（6）：152-159.

[85] 胡鞍钢，才利民．从"六普"看中国人力资源变化：从人口红利到人力资源红利 [J]. 清华大学教育研究，2011，32（4）：1-8.

[86] 郑德高，朱雯娟，陈阳等．区域空间格局再平衡与国家魅力景观区构建 [J]. 城市规划，2017，41（2）：45-56.

[87] 张军扩．中国的区域政策和区域发展：回顾与前瞻 [J]. 理论前沿，2008，524（14）：10.

[88] Hall P. The global city[J]. International Social Science Journal，2015，48（147）：15-23.

[89] 王波，甄峰．互联网下的中国城市等级体系及其作用机制——基于百度搜索的实证分析 [J]. 经济地理，2016，36（1）：46-52.

[90] 新一线城市研究所．2017年中国城市商业魅力排行榜 [J]. 上海：新一线财经，2017.

[91] 尹稚，王晓东，谢宇等．美国和欧盟高等级中心城市发展规律及其启示 [J]. 城市规划，2017，41（9）：9-23.

[92] 尹稚，卢庆强，欧阳鹏 . 基于国家战略视野的国家中心城市建设 [J]. 北京规划建设，2017（1）：6-10.

[93] 袁奇峰 . 国家中心城市、全球城市与珠三角城镇群规划之惑 [J]. 北京规划建设，2017（1）：64-67.

[94] 岑迪，周剑云，赵渺希 . "流空间"视角下的新型城镇化研究 [J]. 规划师，2013，29（4）：15-20.

[95] 张京祥 . 城镇群体空间组合 [M]. 东南大学出版社，2000.

[96] 陈伟，修春亮，柯文前等 . 多元交通流视角下的中国城市网络层级特征 [J]. 地理研究，2015，34（11）：2073-2083.

[97] 唐子来，李涛，李粲 . 中国主要城市关联网络研究 [J]. 城市规划，2017，41（01）：28-39+82.

[98] 熊丽芳，甄峰，席广亮等 . 中国三大经济区城市网络变化特征——基于百度信息流的实证研究 [J]. 热带地理，2014，34（1）：34-43.

[99] 张尚武 . 从城乡规划学视角看乡村振兴战略 [J]. 中国乡村发现，2018（2）.

[100] 胡焕庸 . 中国人口之分布——附统计表与密度图 [J]. 地理学报，1935（2）：33-74.

[101] 唐子来，赵渺希 . 经济全球化视角下长三角区域的城市体系演化：关联网络和价值区段的分析方法 [J]. 城市规划学刊，2010（1）：29-34.

[102] 陈佳贵 . 2009 工业化蓝皮书——中国工业化报告 [M]. 社科文献出版社，2009.

[103] 郑德高 . 长三角地区转型发展新观察——以安徽省工业化与城镇化发展为例 [J]. 城市规划，2011，35（s1）：127-131.

[104] Hall，Green K &. Anatomy of the Polycentric Metropolis：Eight Mega-City regions in Overview[J]. Earthscan，2006.

[105] 吴志强，王伟，李红卫等 . 长三角整合及其未来发展趋势——20 年长三角地区边界、重心与结构的变化 [J]. 城市规划学刊，2008（2）：1-10.

[106] 沈惊宏，余兆旺，沈宏婷等 . 基于修正场模型的区域空间结构演变及空间整合——以泛长江三角洲为例 [J]. 长江流域资源与环境，2015，24（4）：557-564.

[107] 李健,宁越敏,石崧.长江三角洲城市化发展与大都市圈圈层重构 [J].城市规划学刊,2006（3）：16-21.

[108] 李燕,贺灿飞.基于"3D"框架的长江三角洲城市群经济空间演化分析 [J].经济地理,2013,33（5）：43-46.

[109] 尹俊,闫岩.上海与长三角区域联动发展的困境及对策 [C].2015中国城市规划年会论文集,2015.

[110] 爱德华·格莱泽等.城市的胜利：城市如何让我们变得更加富有、智慧、绿色、健康和幸福 [M].上海社会科学院出版社,2012.

[111] 曼纽尔·卡斯特尔,叶涯剑.地方与全球：网络社会里的城市 [J].都市文化研究,2010：2-15.

[112] 唐子来,李涛.长三角地区和长江中游地区的城市体系比较研究：基于企业关联网络的分析方法 [J].城市规划学刊,2014（2）：24-31.

[113] 唐子来,李涛.京津冀、长三角和珠三角地区的城市体系比较研究——基于企业关联网络的分析方法 [J].上海城市规划,2014（6）：37-45.

[114] 武文杰,董正斌,张文忠等.中国城市空间关联网络结构的时空演变 [J].地理学报,2011,66（4）：435-445.

[115] 吴良镛.城镇密集地区空间发展模式——以长江三角洲为例 [J].城市发展研究,1995（2）：8-14.

[116] 朱查松.基于企业内部联系的长三角城市网络结构研究 [D].同济大学,2013.

[117] 孙东琪,张京祥,胡毅等.基于产业空间联系的"大都市阴影区"形成机制解析——长三角城市群与京津冀城市群的比较研究 [J].地理科学,2013,33（9）：1043-1050.

[118] Pete,袁华娟.估算新经济的新方法 [J].商业周刊,2000（1）：104-104.

[119] 聂献忠.新经济引领杭州迈向国家级中心城市 [J].浙江经济,2016（18）.

[120] 顾朝林,蔡建明,张伟等.中国大中城市流动人口迁移规律研究 [J].地理学报,1999,54（3）：204-212.

[121]　李立宏 . 中国人口迁移的影响因素浅析 [J]. 西北人口，2000（2）：36-39.

[122]　乔晓春，黄衍华 . 中国跨省流动人口状况——基于"六普"数据的分析 [J]. 人口与发展，2013，19（1）：13-28.

[123]　赵民，陈晨，郁海文 ."人口流动"视角的城镇化及政策议题 [J]. 城市规划学刊，2013（2）：1-9.

[124]　王桂新，黄祖宇 . 中国城市人口增长来源构成及其对城市化的贡献：1991~2010[J]. 中国人口科学，2014（2）.

[125]　王桂新，董春 . 中国长三角地区人口迁移空间模式研究 [J]. 人口与经济，2006（3）：55-60.

[126]　王桂新，潘泽瀚 . 中国流动人口的空间分布及其影响因素——基于第六次人口普查资料的分析 [J]. 现代城市研究，2013（3）：4-11.

[127]　发改委 . 长江三角洲城市群发展规划 [EB/OL]. http : //www.ndrc.gov.cn/zcfb/zcfbghwb/201606/t20160603_806390.htm.（访问时间 2019 年 4 月 12 日）

[128]　上海市政府 . 上海市 2035 总体规划 [EB.OL]. https : //www.supdri.com/2035/index.php?c=message&a=type&tid=33.（访问时间 2019 年 4 月 12 日）

[129]　唐子来,李粲 . 全球视野下上海城市发展战略思考 [J]. 上海城市规划,2017（4）:5-12.

[130]　曹兆宣 . 长江三角洲地区景观格局分析及其应用研究 [D]. 南京农业大学，2007.

[131]　张虎 . 北海道经济的现状、发展新动向及经验 [J]. 商场现代化，2007（32）：227-228.

[132]　李帅，何万篷，宋杰封 . 波兹曼模式：有风景的地方有新经济 [EB/OL]. http : //blog.sina.com.cn/s/blog_c08186de0102vter.html（访问时间 2019 年 4 月 12 日）

[133]　周岚，于春 . 省域尺度的人居环境特色塑造——江苏案例 [J]. 人类居住，2016（4）.

[134]　李轶伦，朱祥明 . 上海郊野公园设计与建设引导探析 [J]. 中国园林，2015，31（12）：61-64.

[135]　陆健健，王强 . 建设上海郊野公园，发挥湿地生态系统功能 [J]. 上海城市规划，2013（5）：19-23.

[136] 马斌 . 特色小镇：浙江经济转型升级的大战略 [J]. 浙江社会科学，2016（3）：39-42.

[137] 修福辉，张震宇，刘泉 . 美丽乡村、优雅竹城——新型城镇化视角下的安吉县城总体城市设计研究 [C]. 2013 中国城市规划年会论文集，2013.

[138] 何霞 . 高淳：推动国际慢城发展全力打造绿色城镇 [J]. 中国信息界，2014（2）：92-96.

[139] 高慧智，张京祥，罗震东 . 复兴还是异化？消费文化驱动下的大都市边缘乡村空间转型——对高淳国际慢城大山村的实证观察 [J]. 国际城市规划，2014，29（1）：68-73.

[140] 陈阳，朱郁郁 . 基于企业大数据的长三角城市体系演化研究 [C]. 规划 60 年：成就与挑战，2016 中国城市规划年会论文集，2016.

[141] 孙娟，马璇，张振广 . 生态型地区总体规划创新探索——以上海崇明 2035 总规编制为例 [J]. 上海城市规划，2018，4（4）：56-63.

[142] 郑德高 . 重视世界级生态岛的乡村价值 [N]. 联合时报，2018

[143] Taylor P J，Witlox F. Measuring the world city network；new developments and results[J]. Research bulletin/Globalization and World Cities Study Group and Network.-Place of publication unknown，2009，300：1-11.

[144] Robertson R. Globalisation or glocalisation?[J]. Journal of International Communication，2012，18（2）：191-208.

[145] 李晓江 . "钻石结构"——试论国家空间战略演进 [J]. 城市规划学刊，2012（2）:9-16.

致　谢

　　人生就是一路走，一路学，看不一样的风景，积累不一样的学问，体会不一样的人生。1989 年在同济大学开始大学生活，度过了懵懂且快乐的时光。1993 年从同济大学毕业来到中国城市规划设计研究院工作，开始了大大小小的规划项目实践。工作几年后对规划工作开始迷惑，在 1997 年有机会到清华大学攻读硕士学位，跟随张杰教授，张老师追求严谨、务实创新的作风，让我获益匪浅。硕士研究生完成的毕业论文《城市规划与管理的控制机制研究》，旨在希望能从规划编制、管理、实施的角度全面理解规划的内在关系。2000 年毕业之后，恰逢中国进入城市化高速发展阶段，城乡规划实践和研究也是空前的景气。2005 年在英国卡迪夫大学作为访问学者跟随 Jeremy Alden 教授学习，风趣儒雅的 Alden 教授彼时正关注欧盟的空间发展研究，也帮助我开启了对中外城乡规划的新视角。刚刚参与完成北京城市总体规划（2004~2020）编制工作的我，在英国的学习主要聚焦于大都市区的演变与机制研究。访英回国后，工作也逐步侧重于大城市以及区域发展的规划实践，期间先后进行了福州战略规划、重庆一小时经济圈规划、上海虹桥枢纽地区规划、长三角城市规划的研究等等。规划实践项目关注更多的是"到哪里去"的问题，对"从哪里来"的问题深究不足。2012 年，迈入不惑之年的我带着"从哪里来，到哪里去"的疑惑，回到同济大学开始攻读博士学位，师从唐子来教授。

　　博士学习是漫长的，也是短暂的；博士研究是辛苦的，也是快乐的；既有独自研读写作时的艰辛苦涩，也有与师友交谈时醍醐灌顶的酣畅。论文写作是磨难，也是享受。博士论文从开题、写作、一次次修改到最后的完成，离不开导师唐子来教授的悉心指导。唐老师敢于批判的求真精神和严谨的治学态度使我终身受益，感谢唐老师开启了我如何做学问的大门，学会做学问的刨根问底、学会做学问的逻辑推理、学会做学问的框架构建，学会做学问的规范合理，以及如何站在巨人的肩膀上前进一小步等等，受益匪浅。在讲堂上、在教室里、在同济 C 楼的咖啡厅里……一次次感受着唐老师的学贯中西、温文尔雅、真诚理性。

博士论文研究的选题源于对近几年参加的规划实践项目和研究课题的思考，其中全国城镇体系规划以及长三角巨型城市地区研究课题对论文研究提供了大量的分析基础。感谢全国城镇体系规划的负责人李晓江院长，在事业的道路上提供了我许多机会和平台；感谢参与全国城镇体系规划的陈阳、李鹏飞、吴春飞、朱文娟、陆容立、张超、张亢、林辰辉、闫岩等同仁；感谢长三角巨型城市地区研究课题的孙娟、马璇、张振广、张洋、章怡、刘珺、张一凡等同仁；感谢中规院上海分院的朱郁郁、葛春晖、干迪、张晓荠、刘律、张永波、李海涛、刘昆轶、陈勇、袁海琴、刘迪等同仁；感谢对论文写作提供过各种支持和帮助的上海分院的伙伴们。

感谢同济大学的吴志强院士、孙施文教授、赵民教授、彭震伟教授、周俭教授、张尚武教授、杨贵庆教授、黄建中教授、王兰教授、肖扬副教授等，感谢南京大学的崔功豪教授、张京祥教授，UCL 大学的吴缚龙教授，上海社科院的屠启宇教授等等，感谢中规院的杨保军院长、王凯院长等，感谢学会石楠副理事长等。与各位经意或不经意、正式或非正式的交流在我迷惘于论文研究时给予了很多的帮助和提点；感谢 2012 级博士班班长李鹏博士及相互鼓励的各位同学，感谢程鹏博士及师门各位兄弟姐妹的支持和帮助。

本书的出版源于博士论文《区域化视角下经济地理空间重塑研究》，在此基础上根据新的情况有所修改，感谢中国城市规划设计研究院对本书的资助。

感谢我的爱人王英，感谢她一直在我人生的道路上，鼓励我、支持我、帮助我追求更远的抱负、更大的理想。感谢我的家人对我的理解和默默支持。